AINO ADRIAENS
EFEU ERWÜRGT **BAUM!**

AINO ADRIAENS

EFEU ERWÜRGT BAUM!

SCHLUSS MIT FAKE NEWS AUS DEM GARTEN

INHALT

Vorwort 6
Einleitung 9

GÄNGIGE ANSICHTEN AUF DEM PRÜFSTAND 10

Stechende und nagende Tierchen 12
    Mückenbrut im Teich von nebenan? 14
    Stechmücken lieben süßes Blut 17
    Die stechende Spinne im Bett 20
    Überwintern Spinnen im Haus? 24
    Erst stirbt die Biene, dann der Mensch? 26
    Zecken fallen von den Bäumen 30
    Regenwurm: aus eins mach zwei? 34
    Die Punkte des Marienkäfers ... 37
    Darf man Schmetterlingsflügel anfassen? 40

Größere wilde Tiere 42
    Manche Frösche machen Lärm ... 44
    Machen Kröten Pickel? 48
    Holen Bussarde die Hühner? 50
    Soll man Nestlinge aufsammeln? 53
    Das Märchen von der Fledermaus im Haar 56

Grüne Hölle 58
    Efeu erwürgt Baum 60
    Totes Laub als Serienmörder? 65
    Moose und Flechten quälen Mauern? 67
    Das Totholz muss weg, oder? 71
    Komposthaufen stinken nur, wenn ... 74
    Der Aufräumwahn im Herbst 77

VERWECHSLUNGEN VERMEIDEN   80

Tierische Doppelgänger   82
    Die Larven von Maikäfer und Rosenkäfer   84
    Schwebfliegen und Wespen   88
    Würmer und Larven   92
    Nattern und Ottern   96
    Molche und Salamander   100
    Amseln und Stare   104
    Maulwurf und Wühlmaus   107
    Hausmaus, Waldmaus & Co.   112
    Raben und Krähen   116

Pflanzen-Wirrwarr   120
    Geranien und Pelargonien   122
    Aronstab und Ampfer   126
    Bärlauch und Maiglöckchen   129
    Disteln und Karden   132
    Brennnessel und Taubnessel   135
    Schilf und Rohrkolben   138

Zum Weiterlesen   143

VORWORT

Wie jedes gute Buch über die Natur ist auch das Buch von Aino Adriaens eine Sammlung von nützlichem Wissen, das uns hilft, die Tiere und Pflanzen in unserer Umwelt besser zu verstehen. Oder sogar direkt bei uns zu Hause, denn dieses Buch befasst sich mit den Bewohnern unserer Gärten. In Wahrheit ist dieses Werk aber viel mehr als das. Es wendet sich an unseren kritischen Geist und verfolgt dabei ein äußerst wichtiges Ziel: die unzähligen Vorurteile, denen die Natur zum Opfer fällt, infrage zu stellen. Was könnte notwendiger sein in einer Zeit, in der der Klimawandel und der Verlust der biologischen Vielfalt das Gleichgewicht bedrohen, von dem das Leben vieler Arten, einschließlich der Menschen, abhängt?

Aino und ich haben uns in der Redaktion der Schweizer Naturzeitschrift La Salamandre kennengelernt. Dort haben wir Erfahrungen als Journalistinnen und Schriftstellerinnen gesammelt und jeden Tag unsere Feder in die Tinte getaucht, um Wissen und Liebe zur Natur zu verbreiten. Heute schreiben wir, jede auf ihre Weise, weiter und führen einen Dialog, damit sich unser Blick auf die natürliche Welt weiterentwickelt. Es ist heute lebenswichtig, dass die Menschen sich nicht länger als Fremde oder gar Beherrscher der Natur sehen, sondern endlich zu der Erkenntnis gelangen, dass sie ein integraler Bestandteil der natürlichen Lebensräume sind, die wir bewohnen, genauso wie die Ameisen, Eulen und Wölfe.

Das Buch, das Sie gerade in den Händen halten, ist meiner Meinung ein Beitrag dazu. Die Fake News, die uns jeden Tag in den sozialen Netzwerken und in unseren Gesprächen überfallen, machen auch vor der Natur im Allgemeinen und dem Garten im Besonderen nicht halt. Wir alle sind Opfer davon, denn die vorgefassten Meinungen werden uns von unseren Eltern und Großeltern vermittelt, die sie selbst geerbt haben. Sie meinen es nicht böse, sondern glauben zu wissen. Leider haben diese falschen Informationen mitunter erhebliche Auswirkungen auf die Gesundheit der Arten, Böden und Wasserflächen in unserer Umgebung. Mit Hilfe der Wissenschaft und unterstützt durch die klugen und witzigen Zeichnungen des hervorragenden Ambroise Héritier macht sich Aino daran, die Dinge richtig zu stellen und uns die Augen zu öffnen.

Nein, Efeu erdrosselt keine Bäume und Laub erstickt nicht den Rasen. Sie können sich jetzt ruhig mit einem Buch unter die Laubbäume setzen, anstatt sich Rückenschmerzen zu holen, nur weil Sie Pflanzen mit Schere und Harke bekämpfen, die in Ihrem wilden Garten durchaus ihren Platz haben. Ich habe eingangs von kritischem Denken gesprochen und davon, dass wir unsere Denkweise ändern müssen. Dieses Buch hilft uns bei dieser Aufgabe und kann uns Impulse geben. Wenn wir von anderen hören, dass man Engerlinge vernichten, den Rasen kurz schneiden oder Maulwürfe ausrotten muss, sollten wir innehalten und uns fragen: Ach ja? Ist das alles wirklich wahr? Was sagt die Wissenschaft dazu?

Glücklicherweise verfügen wir über zahlreiche Online-Ressourcen und Bücher wie das von Aino, um unsere eigenen Nachforschungen anzustellen und Informationen abzugleichen, damit wir uns eine fundierte Meinung zu diesen Themen bilden können. Manchen Menschen dürften diese Überlegungen trivial erscheinen. Ein Insekt mehr oder weniger, ein unkrautfreier Garten oder nicht, wird man Ihnen entgegenhalten: Was macht das schon? Es gibt doch viel wichtigere Themen im Leben. Dennoch halte ich es nicht für übertrieben, wenn ich davon spreche, dass diese Fragen im Zentrum der menschlichen Erfahrung stehen. Denn seit es den Homo sapiens gibt, scheint er sich über seinen Platz in der Natur Gedanken gemacht zu haben. Mit unterschiedlichen Antworten je nach Kultur und Religion, gelangte der Mensch heute zu einer weit verbreiteten und alles beherrschenden Idee – der unserer vermeintlichen Überlegenheit gegenüber allen anderen Lebensformen.

Unser Verhalten und unsere Entscheidungen im Garten, so harmlos sie auch erscheinen, sind das Ergebnis dieser Philosophie. Multipliziert mit Tausenden von Hektar stellen sie einen nicht zu vernachlässigenden Einfluss auf die Natur dar. Ist es also nicht grundlegend von Bedeutung, diese Handlungen zu hinterfragen, die unsere Gegenwart und unsere Zukunft betreffen? Ich überlasse Sie nun der Obhut von Aino in ihrem wilden Garten. Und ich hoffe, dass Sie, so wie ich, aus diesem Garten erfrischt, gestärkt und voller Liebe zu Wildkräutern hervorgehen.

Fleur Daugey
Schriftstellerin, Journalistin und Insektenforscherin

EINLEITUNG

Am Morgen ein geschwollener Stich am Bein? Das war bestimmt eine Spinne, die unter die Bettdecke geschlüpft ist. Oder die Nachbarn sind schuld, weil sie Stechmücken züchten, seit sie im Vorjahr einen Teich ausgehoben haben. Große weiße Würmer im Kompost? Die muss man lynchen! Es handelt sich dabei ganz sicher um die Larven des Maikäfers. Dieser riesige Schädling ruiniert die Beete.

Wir alle haben derartige Geschichten schon gehört oder weitergetragen, weil wir keine bessere Erklärung auf Lager hatten. Wenn es um die Natur geht, häufen sich Mengen von überkommenen Ansichten an, die sich von Generation zu Generation tradieren, obwohl Biologen, Natur- und Umweltschützer ununterbrochen versuchen, die Wahrheit ins Licht der Wissenschaft zu rücken. Die Verbreitung von Halbwissen und Unrichtigem bleibt leider nicht ohne Folgen: Sie kann zu einer deutlichen Verringerung der Artenvielfalt oder der Lebensräume bis hin zur Ausrottung von Arten führen. Ein Beispiel dafür sind Fledermäuse und Schleiereulen, unsere erst seit kurzem rehabilitierten Göttinnen der Nacht.

Dieses kleine Buch möchte ein Baustein im Haus der Naturkenntnis sein, denn wer die Natur besser kennt, respektiert und schützt sie besser. Auf den folgenden Seiten werden die hartnäckigen Vorstellungen infrage gestellt, die sich um die Natur in unserem unmittelbaren Umfeld drehen: die vor unserer Tür, die sich in unsere Gärten und die in unsere Häuser schleicht. Sie werden auch lernen, verbreitete wilde Tier- oder Pflanzenarten nicht mehr mit ähnlich aussehenden Arten zur verwechseln. Man muss sich nur die Zeit nehmen, sie sich aus der Nähe anzusehen, das Fernglas zu nutzen oder sich mal zu ihnen hinabzubücken. Mit wachen Sinnen erkennt man die Details, die den Unterschied ausmachen.

Wenn das mit diesem Buch gelingt, dann werden Sie Spinnen oder weiße Würmchen mit anderen Augen sehen und selbst dazu beitragen, die gängigen Vorurteile zu bekämpfen und die langlebigen Irrtümer zu vermeiden.

GÄNGIGE ANSICHTEN AUF DEM PRÜFSTAND

Warum halten sich die gängigen Vorstellungen von einer feindseligen Natur so hartnäckig? Warum ist es so schwer, mit Vorurteilen aufzuräumen, wenn es um kleine Tiere und Pflanzen geht, von denen man vermutet, dass sie uns schaden wollen? Warum wird alles, was unaufgefordert krabbelt, sticht, kriecht oder wächst, so argwöhnisch beäugt?

Der Naturforscher François Terrasson[1], ein atypischer Forscher und Schriftsteller, sieht in dieser Frage eine tief in unserem Unterbewusstsein verborgene Angst vor der Natur. Diese diktiere unser feindseliges Verhalten gegenüber wilden Arten, lasse uns unzählige Bedrohungen sehen, wo sie gar nicht existieren, und bringe uns dazu, dass wir die glattgeschnittene Thuja-Hecke dem undisziplinierten Wildkraut und der freiwachsenden Blütenhecke vorziehen.

Seiner Meinung nach brauchen wir sowohl eine kollektive Psychotherapie als auch ein Eintauchen in die Natur, mit engem Kontakt zu den ursprünglichen Kräften, um die verlorene Verbindung mit dem Wilden, dem Spontanen oder anders ausgedrückt mit „allem, was der Mensch nicht gemacht hat", wiederherzustellen. Eine solche Infragestellung ist natürlich schmerzhaft, denn seit der Jungsteinzeit und dem Aufkommen der Landwirtschaft beruht unsere Zivilisation auf einer absoluten Kontrolle der Natur. Es ist also nicht verwunderlich, dass wir beim geringsten Anzeichen von Eroberung oder Ungehorsam Angst bekommen!

Wilde Arten sind jedoch nicht böswillig. Sie füllen Lücken, breiten sich in frei werdenden Gebieten aus – sie wollen sich einfach nur ernähren und fortpflanzen. Natürlich gibt es Konkurrenz und Gewalt, aber die jüngsten Forschungen im Boden und in den Organismen selbst zeigen, dass es vor allem um gegenseitige Hilfe und Zusammenarbeit zwischen den Lebewesen geht, seien es Tiere oder Pflanzen, Mikro- oder Makroorganismen. Und wir sind Teil dieses unglaublichen Ökosystems. Seine Wechselwirkungen zu verstehen und seine Bewohner besser kennenzulernen, ist ein spannendes und furchtbar bereicherndes Unterfangen. Es ist auch der unerlässliche Schritt zu einem heiteren und friedlichen Zusammenleben.

FAKE NEWS UND GÄNGIGE IDEEN, DERSELBE KAMPF?

Die meisten traditionellen Ansichten, egal zu welchem Thema, sind seit Urzeiten im Umlauf. Dank Mund-zu-Mund-Propaganda, Märchen und Legenden überdauern sie fröhlich die Generationen, werden oft aufgeblasen oder dämmern manchmal unbeachtet vor sich hin, verschwinden aber nie ganz. Sie sind hartnäckig und können jederzeit wieder aufleben, sich rasend schnell verbreiten und erneut Zweifel in den Köpfen der Menschen säen. Die sozialen Netzwerke bieten ihnen heute eine königliche Bühne und vervielfachen die Geschwindigkeit, mit der sie wiedererwachen und sich verbreiten können. Schlimmer noch, die Netzwerke verbreiten auch Tausende von Fake News oder „falsche Nachrichten", die, wenn sie nicht so schnell wie möglich widerlegt werden, zu neuen, unsterblichen und potenziell bösartigen Vorstellungen werden können. Auch wenn kein fester Boden vorhanden ist, sollte man einen Schutzwall errichten, um sie einzudämmen. Und sobald sich Lücken oder Risse bilden, muss man sie unermüdlich mit gesundem Menschenverstand und wissenschaftlichen Argumenten schließen.

[1] François Terrasson, *La peur de la nature* (Die Angst vor der Natur), Sang de la Terre, 2007

STECHENDE UND NAGENDE TIERCHEN

GÄNGIGE ANSICHTEN AUF DEM PRÜFSTAND

MÜCKEN-BRUT IM TEICH VON NEBENAN?

Niemand mag Stechmücken. Das ist menschlich und auch legitim, denn was könnte ärgerlicher sein als deren hartnäckige Versuche, uns das Blut auszusaugen, wenn wir laue Sommerabende auf der Terrasse verbringen? Doch, es gibt noch Schlimmeres ... wenn das verhasste Insekt uns den Schlaf raubt und uns schon bald zu einer gnadenlosen Jagd zwingt, auf der Matratze stehend, mit einem Kissen bewaffnet und bereit, den Eindringling auszulöschen.

STECHENDE UND NAGENDE TIERCHEN

Es ist nicht verwunderlich, dass Sie einen misstrauischen Blick auf die Wasserstelle werfen, die Ihr tierverrückter Nachbar in seinem Garten angelegt hat, um Vögel, Frösche und Libellen zu erfreuen. Da muss es doch zwangsläufig von Mücken wimmeln! Der Beweis: Sie haben das Gefühl, dass es diese fiesen Biester seit Bestehen des Teichs in Massen gibt ...

Nun, da irren Sie sich! Ein Gartenteich ist keine ideale Wiege für die Sprösslinge von Frau Mücke, denn selbst wenn das Wasserloch gut angelegt ist, wird es von größeren und kleineren Räubern heimgesucht, die sich gerne an den auf dem Wasser schwimmenden Eifluten oder den an der Oberfläche hängenden geschlüpften Larven gütlich tun. Junge Frösche und Molche (siehe S. 100) verschlingen alles, was in ihre Reichweite kommt, aber es gibt auch eine ganze Reihe hungriger räuberischer Larven, wie z. B. Libellenlarven, die mit katapultähnlich beweglichen Mundwerkzeugen ausgestattet sind, und Schwimmkäfer mit ihren furchterregenden Zangen. Für Mückenlarven, die nur durch Zappeln ihres Hinterleibs fliehen können, sind die größte Bedrohung jedoch wahrscheinlich die Rückenschwimmer (Notonectidae). Diese großen, schlaksigen Wasserwanzen lauern kopfüber unter der Wasseroberfläche, rudern auf ihre Beute zu und lassen den bis zum Schlupf dösenden Mückenlarven oder -nymphen keine Chance. Und selbst wenn sich eine Larve zu einer fliegenden Mücke entwickelt, wird sie vielleicht zum Häppchen für Fledermäuse, die über dem Teich jagen.

GÄNGIGE ANSICHTEN AUF DEM PRÜFSTAND

Ja, aber was dann? Woher kommen die Mücken, die Sie stechen? Nun, sie können aus den Fahrspuren oder aus dem Wald in der Nähe kommen, aber es ist noch wahrscheinlicher, dass sie aus Ihrem eigenen Garten kommen, wenn sie sich plötzlich vermehren! Wenn Sie sorgfältig suchen, finden Sie wahrscheinlich in einer vergessenen Ecke einen Eimer mit Wasser, eine Dose oder einen Übertopf, der vom letzten Regen gefüllt wurde. Schauen Sie genau hin: Sie werden Larven entdecken, denn hier vermehren sich die Mücken am besten, in flachem, angenehm warmem Wasser, in dem es keine Raubtiere gibt, das aber reich an mikroskopisch kleinen Algen ist, wovon sich die Larven ernähren. Ein einziger Handgriff genügt, um das Problem zu lösen: Drehen Sie den Behälter um und verstauen Sie ihn geschützt vor dem nächsten Regen.

WUSSTEN SIE ...?

- Eine mit Wasser gefüllte Badewanne im Garten wird eher Mücken anziehen als Frösche und Libellen. Damit ein Teich für kleine Wildtiere einladend ist, sollte das Ufer unbedingt zum Wasser hin sanft abfallen und Pflanzenbewuchs vorhanden sein, sowohl am Ufer als auch im Wasser.
- Schließen Sie die Tonne oder den Tank, in dem das Regenwasser aus den Dachrinnen gesammelt werden soll, am besten luftdicht ab. Andernfalls machen Sie daraus eine regelrechte Mückenkinderstube!
- Unmittelbar nachdem Sie einen neuen Teich mit Wasser gefüllt haben, können sich die Mücken dort leicht entwickeln, da potenzielle Beutegreifer fehlen. Mückenbrut wird wieder verschwinden, sobald sich das ökologische Gleichgewicht eingestellt hat, was einige Monate dauern kann. Um diesen Prozess zu beschleunigen, pflanzen Sie Wasserpflanzen im Wasser und an den Ufern ein, die gleichzeitig Eier und Larven von Räubern mitbringen. Setzen Sie hingegen keine Fische in den Teich ein: Sie würden das Wasser trüben und einen großen Teil der aquatischen Kleinlebewesen vernichten.

STECHENDE UND NAGENDE TIERCHEN

STECHMÜCKEN LIEBEN SÜSSES BLUT

Wenn Sie von Stechmücken geliebt werden, dann ist dieser Abschnitt eigens für Sie geschrieben. Am häufigsten hört man als Erklärung: Ihr Blut sei süßer als das der anderen. Stimmt das?

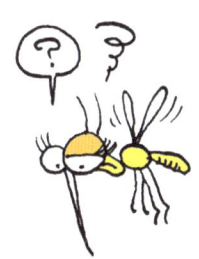

Nein und nochmals nein, Sie können sicher sein, die Stechmücke ist kein Diagnostikhelfer für möglichen Diabetes, weil sie nicht nach Zucker süchtig ist. Wenn eine Mücke es auf Sie abgesehen hat, dann nur, weil Sie strahlen! Das kleine Tierchen wird in erster Linie von der Wärme angelockt, die ein Körper abgibt und sie bevorzugt die stärkste Wärmequelle. Schwangere Frauen sind ebenfalls betroffen, weil Stechmücken die gesteigerte Östrogenproduktion wahrnehmen und schätzen.

Wenn Sie stark schwitzen und Ihr Schweiß einen hohen Gehalt an 4-Methylphenol – eines der vielen Moleküle in unserem Schweiß – aufweist, dann dürfen Sie ebenfalls mit unangenehmen Nächten rechnen, weil dieses Molekül die Rezeptoren an den Antennenspitzen des Hautflüglers stark anspricht.

Räumen wir noch eine weitere Vorstellung aus dieser Ecke aus: Stechmücken werden nicht von Licht angezogen. Der Beweis dafür: Anders als Schmetterlinge sieht man sie nicht um Laternen kreisen, wenn dort kein Warmblüter zur Belohnung herumsteht.

WUSSTEN SIE ...?

- Nur die weibliche Stechmücke saugt Blut, um die Entwicklung der Eier zu gewährleisten. Sie spritzt etwas Speichel, gemischt mit einem Gerinnungshemmer, in die Einstichstelle und saugt im Gegenzug das wertvolle Serum aus uns heraus. Rötung und Jucken werden durch Histamin ausgelöst, das unsere Zellen als Reaktion produzieren.

- Männliche Stechmücken stechen nicht. Sie besitzen elegante, gefiederte Antennen, durch die sie die Bewegungen der Weibchen wahrnehmen.
- Weibliche Mücken können überwintern, sofern sie eine Zuflucht in einer Höhle mit 10–12 °C finden. Falls nicht, überleben die Larven in einer Wasserstelle.

STECHENDE UND NAGENDE TIERCHEN

GÄNGIGE ANSICHTEN AUF DEM PRÜFSTAND

DIE STECHENDE SPINNE IM BETT

Angst vor Spinnen haben viele, so auch meine Mutter. Zu Mamas größtem Leidwesen konnte sie mir ihre Phobie nicht vererben. Und so stelle ich mich als Retterin zwischen totbringende Werkzeuge wie Besen oder Staubsauger, die sie gegen die Spinnen unter meinem Dach zum Einsatz bringen will.

STECHENDE UND NAGENDE TIERCHEN

Wenn ich sie frage „Woher dieser gewaltige Hass?", dann entgegnet sie immer, „weil sie so lange Beine haben". Das stimmt zwar, doch in meinen Augen ist dies keine Rechtfertigung für den Serienmord an Spinnen. Wenn Mama merkt, dass sie mich nicht überzeugen kann, dann argumentiert sie, dass Spinnen uns stechen. Jetzt fahre ich die großen Geschütze auf und als Pazifistin sind das einige wenige, schwerwiegende Argumente:

Nein, liebe Mama, Hausspinnen stechen nicht ... wenn dann beißen sie, aber auch das nur ganz, ganz selten einmal! Dazu erst einmal das Argument der Anatomie: Sie besitzen weder Stachel noch Rüssel, mit dem sie unsere Haut durchbohren könnten. Ihre Mund- oder Giftwerkzeuge sind schlecht an dieses Vorhaben angepasst und die meisten Arten könnten damit nicht stechen. Außerdem haben sie gar keinen Grund dazu. Spinnen ernähren sich nicht von Blut, anders als die Stechmücken, die nur darauf lauern, uns zu piksen. Man könnte sich vorstellen, dass eine Große Winkelspinne durch unsere Bettwäsche marschiert und uns zwickt, wenn wir sie durch eine unserer Bewegungen im Schlaf einklemmen. Dieses Szenario erklärt aber nicht, warum wir reihenweise Einstiche feststellen, sobald wir aus dem Bett hüpfen. Was also, wenn wir im Winter dafür keine Stechmücken verantwortlich machen können, wer war's?

GÄNGIGE ANSICHTEN AUF DEM PRÜFSTAND

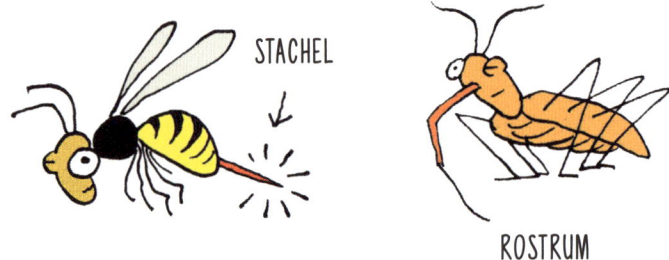

Besitzen Sie ein Haustier, einen Hund oder eine Katze? Dann sind die glaubwürdigsten Verdächtigen oft Flöhe, die das Haustier in Ihrem Bett verstreut hat. Ohne ihren Wirt stürzen sich die hungrigen Flöhe auf alles, was warm und hämoglobinhaltig ist – in diesem Fall auf Sie, wenn Sie sich in ihrer Reichweite befinden. Aber keine Sorge, diese Parasiten können sich fernab ihres natürlichen biologischen Wirts nicht vermehren und werden Sie schließlich in Ruhe schlafen lassen.

Eine andere Möglichkeit? Es könnte eine Wanze sein. Die meisten der Wanzenartigen leben in der Natur, wo sie Pflanzensäfte saugen, aber einige sind Räuber oder Parasiten und nisten sich in Häusern ein. Zu den Räubern gehört z. B. der Maskierte Strolch, auch Staubwanze oder Große Raubwanze genannt, der im Halbdunkel von Dachböden, Schuppen und Lagerhallen Spinnen und anderen Arthropoden, die auf der Jagd sind, das Blut aussaugt. Leider kann man nicht ausschließen, dass er sich in einen Wohnraum verirrt und Ihnen seinen schmerzhaften Stich versetzt. Auch die aus Asien stammende Bettwanze könnte uns Sorgen bereiten, zumal sie sich in den europäischen Großstädten aufgrund des internationalen Tourismus und der globalen Erwärmung unabhängig von mangelnder Hygiene ausbreitet.

Wie dem auch sei, selbst wenn Sie den Schuldigen nicht finden können, geben Sie künftig nicht mehr der Winkelspinne oder der Zitterspinne (siehe S. 25) die Schuld, die unter Ihren Möbeln oder an der Decke herumkrabbelt. Bevor Sie sie unter einer Sohle zerquetschen, denken Sie einen Moment daran, dass diese kleinen Biester, so hässlich sie auch sein mögen, immer nur einer Fliege schaden.

STECHENDE UND NAGENDE TIERCHEN

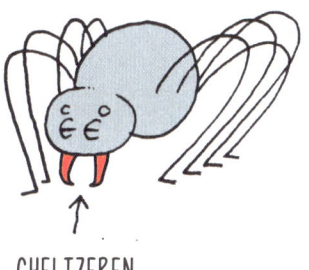
CHELIZEREN

STECHRÜSSEL

WUSSTEN SIE …?

- Bienen und Wespen tragen einen **Stachel** am Ende ihres Hinterleibs. Die Biene benutzt ihn nur zur Verteidigung und stirbt, nachdem sie ein Säugetier gestochen hat, da sie auf ihrer Flucht den gezackten Stachel und einen Teil ihrer inneren Organe in der dicken Haut zurücklässt. Für die Wespe, die ein Raubtier ist, dient der Stachel in erster Linie als Jagdwerkzeug: Sie lähmt ihre Beute mit dem eingeimpften Gift und bringt sie ins Nest, um ihre Larven zu füttern.
- Wanzen haben ein **Rostrum**, das im Ruhezustand in einer Rinne zwischen den Beinen verstaut ist. Die im Garten vorkommenden Arten saugen entweder Pflanzensaft oder Hämolymphe aus ihrer Beute, je nachdem, ob sie Vegetarier oder Fleischfresser sind. Diejenigen, die wie Bettwanzen warmes Blut saugen, sind mit einer unangenehmen Spritze ausgestattet: Diese Arten sind viel kleiner und deutlich seltener.
- Spinnen haben **Chelizeren**, die in einem beweglichen Haken enden. Damit injizieren sie ein lähmendes Gift in ihre Beute. Bei einigen Arten ist der basale Teil der Chelizeren mit kleinen, feststehenden Zähnen bedeckt, die das Opfer nach der Injektion vollständig zermalmen. Diejenigen, die keine Zähne haben, saugen den Inhalt einfach aus, sodass nur ein leerer Kadaver zurückbleibt.
- Mücken haben einen **stechenden Rüssel**, der in Wirklichkeit eine Art Schwertscheide ist, die mehrere winzige, spitz zulaufende Klingen enthält.

GÄNGIGE ANSICHTEN AUF DEM PRÜFSTAND

ÜBERWINTERN SPINNEN IM HAUS?

Mit der Ankunft des Herbstes verabschiedet sich die Natur allmählich. Eine Gruppe von niedlichen Tierchen zieht aber plötzlich unsere Aufmerksamkeit auf sich: Spinnen! Dabei machen sie keine jahreszeitlichen Wanderungen.

Wenn sie ins Haus kommen, dann unfreiwillig, oft durch einen Korb mit Holzscheiten, der für das erste Kaminfeuer hereingetragen wird. Die schlechte Nachricht, zumindest für Arachnophobiker, ist, dass die meisten Spinnen, die man im Haus sieht, das ganze Jahr über dort leben. Aber vielleicht stören sie uns im Winter mehr, weil wir uns dann öfter drinnen aufhalten. Um mit den achtbeinigen Mitbewohnern gut auszukommen, sollte man sie näher kennenlernen. Hier sind die Porträts der beiden häufigsten Arten.

WUSSTEN SIE …?

- Einige Gartenbewohner schlüpfen im Winter gern bei uns unter. Das kleine Tagpfauenauge und der Kleine Fuchs sind Schmetterlinge, die sich bis zum Frühjahr in einem kühlen, aber frostfreien Raum wie einem Dachboden, einer Garage oder einer Waschküche aufhalten. Auch Florfliegen und Marienkäfer, die sich in den Fensterritzen festsetzen, sollten Sie willkommen heißen.

- Im Herbst kann es auch passieren, dass Ihnen eine große Wespe in das Haus fliegt – eine Königin, die einen dichten Schutz sucht. Von ihrer Majestät hängt die Gründung einer neuen Kolonie im nächsten Jahr ab. Das Insekt ist unbeliebt, aber die wenigsten Menschen wissen, dass die Wespen im Sommer die Meisen als beste Jäger der Raupen im Garten ablösen.

Die Große Winkelspinne (*Eratigena atrica*)

Diese Spinne verursacht Angst und Schrecken schlechthin: Sie kann sehr groß werden, ist stark behaart, ziemlich dunkel und läuft schnell! Sie fühlt sich in dunklen, etwas feuchten Ecken im Haus wohl, z. B. in Kellern und Fluren, aber sie kann auch draußen in Holzstapeln oder Steinmauern leben. Ihr Netz ist ein Tunnel, an dessen Boden sie sich auf der Lauer nach Beute versteckt. Aber es sind vor allem die nächtlichen Streifzüge des Männchens, die uns das Blut in den Adern gefrieren lassen: Unermüdlich läuft es im Haus herum und sucht nach einem Weibchen. Hat er eines gefunden, muss er eine List anwenden, um nicht für ein Beutetier gehalten zu werden. Das ist ziemlich anstrengend. Bei seinen Streifzügen rutscht er manchmal auf den Boden von Waschschüsseln, Badewannen, Waschbecken oder Spülbecken, kann aber die glatten Wände nicht mehr hinaufklettern. Es scheint, er sei aus dem Abflussrohr gekommen, aber Spinnen sind nicht in der Lage, Abflüsse zu überwinden.

Die Große Zitterspinne (*Pholcus phalangioides*)

Ein kleiner Rugbyball mit überlangen, dünnen Beinen – diese Spinne lebt nur in Häusern. Sie hat nichts mit dem Weberknecht zu tun, der mit seinem runden, einteiligen Körper keine Spinne ist. Die Zitterspinne hängt kopfüber in den Ecken an der Decke und fixiert dort ein Gewebe aus wenig strukturierten Netzen, die leicht verstauben. Wenn man sie berührt, wiegt sie sich hin und her, um sich unsichtbar zu machen, was aber nicht sehr effektiv ist. Die bevorzugte Beute? Kriebelmücken und Moskitos. Das ist ein guter Grund, sie im Schlafzimmer zu behalten!

WINKELSPINNE   ZITTERSPINNE

GÄNGIGE ANSICHTEN AUF DEM PRÜFSTAND

ERST STIRBT DIE BIENE, DANN DER MENSCH?

Dieser Mythos geht zwar noch nicht lange um, hat aber durch Berichterstattung und soziale Netzwerke schnell an Popularität gewonnen. So wird mit großem Selbstbewusstsein behauptet: Wenn die Bienen aussterben, überlebt die Menschheit nur noch vier Jahre! Und das aus gutem Grund, denn man beruft sich auf den bekannten Wissenschaftler Albert Einstein.

STECHENDE UND NAGENDE TIERCHEN

Dennoch schlichen sich in der wissenschaftlichen Gemeinschaft schnell Zweifel ein. Zum einen, weil nicht nur Honigbienen für die Bestäubung der Kulturen zuständig sind, sondern auch wilde Schlupfwespen (Hummeln, Mauer- und Sandbienen), Käfer (Rosenkäfer, Bockkäfer), Schwebfliegen, aber auch der Wind, wenn es um das Getreide geht. Zum anderen, weil man nicht wusste, dass der berühmte Physiker sich für Bienen interessierte. Hat er also auch Studien zu Insekten durchgeführt? Wenn ja, wo erwähnt er sie? Im April 2007 gingen die Redakteure einer Website namens snopes.com, die sich auf das Aufspüren von Gerüchten spezialisiert hat, dieser Frage nach und durchforsten unter anderem die Zitatensammlungen des großen Mannes. Das Ergebnis: Keine Spur von dem berühmten Satz! Der Kurator des *Albert Einstein Archives* in Jerusalem bestätigte später, dass der Satz in keiner der 80 000 dort aufbewahrten Publikationen vorkommt. In Wirklichkeit hat sich Einstein in seinen Schriften nie um Bienen oder Ökologie gekümmert. Er war schließlich Physiker. Es sei am Rande als Ergebnis der Untersuchung erwähnt, dass das Zitat zum ersten Mal 1994 bei einer Demonstration eines französischen Imkerverbands in Brüssel auftauchte. Es hat immer einen gewissen Effekt, wenn man einem angesehenen, schon lange verstorbenen Wissenschaftler unhaltbare Aussagen in den Mund legt.

Trotz allem tat dieser Schwindel den Honigbienen einen Gefallen, indem er ihnen in einer für sie wirklich schwierigen Zeit noch mehr Wert verliehen hat. Aber sie sind nicht die Einzigen: Die Verschlechterung der natürlichen Lebensräume, die intensive Landwirtschaft und ihre Pestizide, die Verknappung der Wildblumen, die Umweltverschmutzung, der Klimawandel – alle haben Auswirkungen auf die meisten Bestäuber und Kleinlebewesen in unserer Umgebung. Studien aus Deutschland zufolge ist die Biomasse der geflügelten Insekten in den letzten 30 Jahren um 80 % zurückgegangen, und die Zukunft sieht nicht viel besser aus. Das Phänomen ist weltweit zu beobachten und wird, wenn sich nichts ändert, natürlich langfristig die Agrar- und Obstproduktion gefährden, die zum großen Teil von der Bestäubung durch Insekten abhängt. Die Menschheit wird zweifellos darunter leiden, genauso wie sie eines Tages bereuen wird, dass sie die lebenswichtigen Ressourcen unseres unglaublichen Planeten auf unverschämte Weise geplündert und verschwendet hat. Aber egal, was einige Imker mit Hilfe von Einstein behaupten, es ist unmöglich, einen Zeitpunkt für ihr Verschwinden festzulegen.

WUSSTEN SIE ...?

Honigbienen sind unermüdliche Sammlerinnen und lange Zeit wurde ihnen 80 % der Bestäubungsleistung in landwirtschaftlichen Kulturen zugeschrieben. In Großbritannien ergab eine Studie aus dem Jahr 2007 jedoch, dass Honigbienen höchstens für ein Drittel der Bestäubungstätigkeit verantwortlich sind, während der Rest von wilden Sammlern, insbesondere von Wildbienen und Schwebfliegen, geleistet wird. Parallel dazu haben andere Forscher herausgefunden, dass Wildbienen bei der Bestäubung von Wild- und Kulturpflanzen weitaus effizienter sind. Sie tragen den Pollen auf ihrem Körper, ohne ihn wie Honigbienen zu kompakten Knäueln zu verklumpen, und lassen ihn daher leichter auf die von ihnen besuchten Blumen fallen. Wilde Hautflügler sind auch besser an unser Klima angepasst. Wie bei der Hummel in ihrem isolierenden Pelz unschwer zu erkennen, zögern sie nicht, sich bei kühlem Wetter nach draußen zu begeben, während unsere Bienen in ihrem Bienenstock bleiben.

IMKERN IN DER STADT: GUT MEINT, ABER EINE SCHLECHTE IDEE!

Überall, vor allem in der Stadt, zur Rettung der Honigbienen Bienenkästen aufzustellen, ist eine schlechte Idee, denn die domestizierten Bienen können zu einer echten Bedrohung für die kaum umsorgten Wildbienenbestände werden. Studien haben gezeigt, dass Tausende von Honigbienen in einem Stock während des Sommers mit den wilden Bestäubern in Konkurrenz um die begrenzten Blütenressourcen treten. Die Honigbiene fliegt bis zu 3 km auf Sammelflug, während die Wildbiene auf einen Radius von 300 bis 500 m um ihr Nest beschränkt ist. Dadurch ist sie hochgradig von der örtlichen Flora abhängig und wesentlich empfindlicher bei Konkurrenz. Wer als Familie imkern möchte, sollte die Anzahl der Schwärme auf eine Honigproduktion für den unmittelbaren Eigenbedarf plus ein paar Geschenke für Freunde beschränken.
Um den Wildbienen im Garten zu helfen, gibt es nichts besseres als eine große Vielfalt an heimischen Blütenpflanzen und viele kleine, unterschiedliche Mikrohabitate wie Totholz, Sand- oder Steinhaufen, in denen die heimischen Arten gute Lebensbedingungen finden.

GÄNGIGE ANSICHTEN AUF DEM PRÜFSTAND

ZECKEN FALLEN VON DEN BÄUMEN

Normalerweise mag man kleine Tiere, die krabbeln, kriechen oder kitzeln, nicht besonders. Eine Grimasse des Ekels lässt sich nicht unterdrücken, wenn es sich bei dem betreffenden Tierchen um einen Parasiten handelt, der einem unschuldigen Opfer heimlich das Blut aussaugt – egal bei wem.

Diese traurige Fähigkeit ist einer ganzen Reihe von Insekten wie Läusen und Filzläusen sowie Milben wie der Zecke eigen. Zum größten Horror aller kann die Zecke außerdem krankheitserregende Viren und Bakterien übertragen, die Krankheiten wie Lyme-Borreliose und Enzephalitis auslösen können. Leider führt die Angst vor Zecken vielerorts zu regelrechten Psychosen, die Eltern davon abhalten, mit ihren Kindern in die Natur zu gehen, und die oftmals zu tief verwurzelten Ammenmärchen führen.

STECHENDE UND NAGENDE TIERCHEN

Man stellt sich beispielsweise vor, dass Zecken in den Bäumen auf der Lauer sitzen und sich auf das Tier oder den unglücklichen Spaziergänger herabstürzen, der die schlechte Idee hatte, sich in ihrer Reichweite aufzuhalten. Das Szenario ist zwar interessant, aber völlig unrealistisch. Nein, Zecken fallen nicht von Bäumen. Das liegt daran, dass sie niemals in diese Höhen klettern. Sie bevorzugen die Etage zwischen dem Boden und der bodennahen Partie kleinerer Sträucher. Dort haben sie die größten Chancen, auf ihren Wirt zu treffen, und dort finden sie auch die Feuchtigkeit, die sie während ihres Wachstumszyklus benötigen, der sich in vier Stadien und drei üppige Blutmahlzeiten gliedert.

GÄNGIGE ANSICHTEN AUF DEM PRÜFSTAND

Beginnen wir mit den Eiern, die Mutter Zecke zu Hunderten in den Boden legt, meist entlang von Waldwegen oder Pfaden, die von Wild- oder Haustieren benutzt werden. Da die Zecke auch in Städte und Dörfer gelangt, wo sie auf den Wanderungen ihres Wirts (Hund, Fuchs …) strandet, kommen auch unsere Parks und Gärten für sie zur Eiablage infrage. Aus dem Ei schlüpft eine kleine Larve mit sechs Krallenbeinen, die sehr schnell den Hunger auf ihre erste Mahlzeit an einem vorbeikommenden Kleinsäuger stillt. Wenn sie satt ist, fällt die Larve zu Boden und häutet sich zur Nymphe, was ein schöner Name für einen achtbeinigen Teenager ist. An der Spitze eines Grashalms kann sie tagelang auf ein vorbeikommendes Tier warten, das zu ihrem Wirt wird. Mit dem Blut dieser zweiten Mahlzeit vollgesogen, fällt die Nymphe wieder auf den Boden und beginnt ihre dritte und letzte Häutung zur erwachsenen Zecke.

In diesem Stadium finden die Paare zueinander und paaren sich auf dem Boden. Für das Weibchen ist die Suche aber noch nicht beendet. Der Parasit klettert wieder auf ein Gras, einen Farn, einen Busch oder Strauch und wartet erneut auf die Ankunft seiner nun letzten Mahlzeit, die ihm unbewusst von einem warmblütigen Säugetier – Fuchs, Wildschwein, Reh, Hund usw. – angeboten wird. Die Zecke heftet sich an die Haare des Tieres, sucht einen Weg dazwischen und krabbelt auf der Haut herum, bis sie die ideale Stelle für ihren Stechrüssel (Rostrum) gefunden hat. Satt und vollgepumpt mit Blut für die Entwicklung der Eier, lässt sie sich auf den Boden fallen. Nach der Eiablage stirbt sie. Und so endet ihr Leben als Wegelagerin.

WUSSTEN SIE …?

- Zecken sind zu etwas nütze! Genau wie alle anderen Tiere, spielen sie eine wichtige Rolle im Ökosystem. Sie stehen auf dem Speiseplan einer ganzen Reihe von Räubern wie Spitzmäusen, Laufkäfern, Florfliegenlarven, Spinnen, Blindschleichen, Eidechsen, Zaunkönigen und auch erwachsenen Amphibien. Und wenn sie sich mit Ihrem Blut vollgesogen haben, erfüllen sie diesen Zweck noch besser, denn dann sind sie vollgepackt mit Proteinen!
- Zecken parasitieren auch bei kaltblütigen Tieren: Reptilien, Schlangen und Schildkröten. In Europa gibt es über 30 Zeckenarten, aber die, die den Menschen stechen, kann man an einer Hand abzählen.
- „Blind wie ein Maulwurf", aber auch wie eine Zecke. Der Parasit hat nämlich keine Augen: Er ist mit Fühlern und Sinneshaaren ausgestattet, mit denen er seine Umgebung und die von ihm bevorzugten Wirte ertasten kann.

ERNTEMILBEN, DIE KLEINEN UNANNEHMLICHKEITEN DES GARTENS

Juckreiz in der Taille? Kleine rote Pickel unter dem Gummiband der Socken? Wenn diese Unannehmlichkeit zwischen Sommer und Herbst auftritt, ist der Schuldige klar: Es ist eine Herbst- oder Erntemilbe, auch als Herbstgrasmilbe bekannt. Das sind parasitäre Milben, die an Ihren Beinen hochklettern oder Ihr Nickerchen auf dem Rasen nutzen, um Sie unbemerkt zu erobern. Unnötig, danach zu suchen, Sie werden sie nicht finden! Die Larve misst 0,2 mm, das ausgewachsene Tierchen nur wenig mehr. Im Gegensatz zur Zecke saugt die Erntemilbe kein Blut. Die Larve, denn nur um sie handelt es sich, schnippelt mit ihren Chelizeren geschickt ein wenig Haut ab, injiziert mit ihrem Speichel ein Enzym, das die Zellen der Epidermis verflüssigt, und ernährt sich dann von diesem energiespendenden Elixier. Nach dieser bis zu eine Woche dauernden Kur fallen die Larven wieder zu Boden, wo sie sich verpuppen und später zu erwachsenen Tieren werden. Dann ernähren sie sich von Pflanzensäften, Pilzen oder kleinen Insekten. Da Erntemilben eher in Gräsern und an sehr hellen Orten leben, sind unsere nicht zu trockenen Rasenflächen und Wiesen in den Gärten ein Paradies für sie. Um sich vor ihnen zu schützen, kann man es mit biologischen Insektenabwehrsprays auf Sockenebene versuchen. Und wenn das nicht funktioniert hat, wirkt Johanniskrautöl Wunder, um den Juckreiz zu lindern.

GÄNGIGE ANSICHTEN AUF DEM PRÜFSTAND

REGENWURM: AUS EINS MACH ZWEI?

Also müsste man nur einen Regenwurm in zwei Hälften schneiden, damit durch ein Wunder der Natur jedes der beiden Enden wieder zu einem (fast) vollwertigen Tier wird? Die Idee ist so verlockend, dass sie bei Jung und Alt großen Anklang gefunden hat und immer noch findet. Dies bedeutet jedoch, dass man die Anatomie der Ringelwürmer nicht richtig kennt.

Nehmen wir zum Beispiel unseren häufigsten Wurm: den Regenwurm alias *Lumbricus terrestris*. Der bis zu 20 cm lange Wurm hat einen Kopf und einen Schwanz, was man anhand der Laufrichtung erkennen kann, vorausgesetzt, er läuft nicht rückwärts. Am Kopfende können Sie sich die Suche nach Augen sparen, denn die braucht er in seinem Lebensraum nicht. Stattdessen hat er einen Mund, der sich im zweiten vorderen Segment befindet, und einen After am anderen Ende. Diese beiden Organe sind unerlässlich, um das ganze Jahr über eine gigantische Menge an organischem Material aufzunehmen und wieder auszuscheiden.

STECHENDE UND NAGENDE TIERCHEN

Dazwischen liegen etwa 150 muskulöse Ringe, die Segmente, und ein breiterer Ring, das Clitellum, im vorderen Drittel des Wurms. Dieses Organ enthält die Fortpflanzungszellen und Drüsen, die Schleim produzieren. Vor dem Clitellum könnte ein Chirurg fünf Herzpaare, drei Nierenpaare, eine Ansammlung von Ganglien als Gehirn finden und über die gesamte Länge des Körpers verteilt ein großes zentrales Blutgefäß und natürlich den Verdauungstrakt. Eine Lunge gibt es nicht, da der Regenwurm über die Haut atmet.

Was passiert, wenn man den Regenwurm in zwei Hälften zerteilt? Schneidet man ihn in der Mitte durch, kann der vordere Teil mit dem Clitellum und den meisten lebenswichtigen Organen überleben, während der hintere Teil verloren ist. Wird er jedoch an der Kopfseite vor dem Clitellum abgetrennt, stirbt das Tier vollständig, auch wenn sich die beiden Enden durch Nerven- und Muskelzuckungen noch ein wenig hin und her bewegen. In jedem Fall ist der Schaden schwerwiegend und sollte dazu ermutigen, in Gemüsegärten den Spaten durch eine Mistgabel oder eine Harke zu ersetzen. Wer sich vor dem Anblick eines Regenwurms ekelt, sollte wissen, dass Regenwümer die Meister des Pflügens sind. Also weg mit dem Gartengerät, lassen wir den Wurm in Ruhe arbeiten!

PLATTE ODER RUNDE WÜRMER

Die Regenerationsfähigkeit von Würmern ist aber nicht komplett erfunden. Plattwürmer aus der Gruppe der Plathelminthen besitzen eine entsprechende Begabung: Wenn Sie beispielsweise eine Planarie, eine reizende Teichkreatur, deren zerbrechlicher Körper leicht zerreißt, misshandeln, kann sie sich aus den abgetrennten Fragmenten regenerieren, sei es der Kopf oder der Schwanz.

Diese auf den ersten Blick bewundernswerte Fähigkeit wird im Fall von *Obama nungara*, einer invasiven Planarienart aus Argentinien, die vermutlich durch den Transport von Blumentöpfen nach Europa geschmuggelt wurde, zu einem beunruhigenden Phänomen. Das Tier, nun auch in Deutschland nachgewiesen, hält sich eher in niedrigeren Lagen auf. Aus gutem Grund ist es nicht willkommen: Es frisst fröhlich Regenwürmer, die für die Gesundheit unserer Böden so nützlich sind.

WUSSTEN SIE …?

- Die geschätzte Masse an Regenwürmern pro Hektar Dauergrasland, d. h. ungepflügtem Grasland, beträgt 4 t. Das andere Extrem sind 50 kg pro Hektar in Ackerböden, die von Maschinen verdichtet und mit Pestiziden vollgepumpt sind. Regenwürmer können je nach Art zwischen 100 und 400 t organisches Material pro Hektar und Jahr aufnehmen. Durch diese ständige Umwälzung spielen sie eine wichtige Rolle bei der Belüftung und Fruchtbarkeit des Bodens.
- Es gibt nicht nur einen Regenwurm, sondern weltweit über 5 000 verschiedene Arten. Ein einziges Beispiel? Die roten Würmer der Gattung *Eisenia* im Komposthaufen haben wenig Ähnlichkeit mit den großen Regenwürmern auf der Erde.

STECHENDE UND NAGENDE TIERCHEN

DIE PUNKTE
DES MARIEN-
KÄFERS ...

Ich sitze im Gras, einen Marienkäfer auf der Hand. Ich zähle schnell seine Punkte, bevor er entwischt, und dann rufe ich lauthals in die Runde: „Der ist erst sieben Jahre alt!" Das ist lange her, und wie alle kleinen Kinder glaubte auch ich fest daran, dass man nur die Punkte auf dem Rücken der Marienkäfer zählen müsse, um ihr Alter zu erfahren: Jeder Punkt stehe für ein Jahr. Die Geschichte ist harmlos, aber wenn man diese Gewissheit nicht hinterfragt, kann sie im Erwachsenenalter für hochgezogene Augenbrauen oder ein schiefes Lächeln sorgen.

Man sollte wissen, dass Marienkäfer nicht sehr alt werden. Höchstens ein Jahr, wie die große Mehrheit der Insekten. Die Punkte auf ihrem Gewand sind wichtig für ihre Identitätsbestimmung, aber sie stehen in der Rubrik Porträt und nicht unter dem Eintrag für das Geburtsdatum. In Europa gibt es tatsächlich mehr als 100 Marienkäferarten, und man erkennt sie unter anderem an der Anzahl der Punkte, die sie auf dem Rücken tragen. Die Palette reicht vom Zweipunkt-Marienkäfer (*Adalia bipunctata*) über den Vierpunkt-, Siebenpunkt-, Zehnpunkt-, Elfpunkt-, Dreizehnpunkt-, Vierzehnpunkt-, Sechszehnpunkt- und Neunzehnpunkt-Marienkäfer bis hin zum Vierundzwanzigpunkt-Marienkäfer (*Subcoccinella vingitiquatuorpunctata*), was eine wunderbare Gelegenheit bietet, das Zählen auf Lateinisch zu lernen.

Andere Arten tragen ein Kleid mit Kommamustern, Hieroglyphen, Schachbrettmuster oder Augen. Rot ist ebenso wenig vorgeschrieben wie Punkte: Es gibt auch Gelb, Ocker und Schwarz. Nicht wählbar sind Muster und Farbe – sie sind in den Genen jedes erwachsenen Individuums verankert und ändern sich im Laufe der Zeit nicht, auch wenn sie manchmal innerhalb einer Art variieren (wie beim asiatischen Marienkäfer). Ich spreche gezielt von erwachsenen Individuen. Wie die meisten Insekten durchläuft auch der Marienkäfer vier Jugendstadien als schwarze, haarige Larve, bevor er sich zur Nymphe verpuppt, aus der schließlich unser berühmter Käfer mit der glänzenden Karosserie hervorgeht.

WUSSTEN SIE …?

• Marienkäfer gehören seit jeher zu den besten Verbündeten des Gärtners, wenn es um die Bekämpfung von Blattläusen geht. Die meisten Arten haben sie zu ihrer Lieblingsspeise gemacht: Es geht sogar so weit, dass die erwachsenen Marienkäfer ihre Eier auf Pflanzen ablegen, die verlaust sind. Die gefräßigen Larven haben so unmittelbar nach dem Schlüpfen Hunderte von Blattläusen zum Fressen. Diese besondere Diät wird seit vielen Jahren für die biologische Schädlingsbekämpfung genutzt. Man kann Larven und erwachsene Tiere des Zweipunkt- und Siebenpunkt-Marienkäfers kaufen, um sie in Gewächshäusern, Gemüse- oder Obstgärten, in denen Schädlinge auftreten, freizusetzen.

• Der Asiatische Marienkäfer wurde zu ähnlichen Zwecken nach Europa importiert. Er ist leider invasiv geworden und stellt eine Bedrohung für unsere einheimischen Käferarten dar.

STECHENDE UND NAGENDE TIERCHEN

Aber wozu sind diese Punkte dann gut, wenn nicht zum Zählen? Sie zeigen einem möglichen Fressfeind wirksam an, dass der Marienkäfer nicht als Speise taugt, was durchaus zutrifft. Wenn er sich bedroht fühlt, produziert er Toxine, die demjenigen in schlechter Erinnerung bleiben, der ihn schnabulieren will. Wespen, Wanzen, Kartoffelkäfer, aber auch Salamander verwenden mit ihren bunten oder kontrastreichen Mustern die gleichen Tricks, um Angreifer abzuschrecken.

MARIENKÄFER KÖDERN

Sie möchten Marienkäfer in Ihren Garten locken und sesshaft machen? Dann sollten Sie nicht alle Blattläuse beseitigen! Säen und begrüßen Sie Pflanzen, die sie beherbergen, wie Holunder, Kapuzinerkresse und Ringelblumen, und tolerieren Sie die Läuse dort, wo sie verträglich sind. Wenn Sie Ihre Beete mit Wild- und Gartenblumen so vielfältig wie möglich gestalten, ziehen Sie auch eine ganze Reihe von Bestäubern an, die Ihnen gute Dienste leisten und an denen Sie sich erfreuen können.

GÄNGIGE ANSICHTEN AUF DEM PRÜFSTAND

DARF MAN SCHMETTER-LINGSFLÜGEL ANFASSEN?

Einen Schmetterling zu fangen und ihn in die Hand zu nehmen, ist jedem von uns schon einmal passiert. Aus Spaß, um ihn zu bewundern, um ihn vor dem Ertrinken zu retten oder um ihn aus dem Spinnennetz zu ziehen, in dem er sich verfangen hatte.

WUSSTEN SIE …?

Die Schuppen sind in Wirklichkeit abgeflachte, seidige, sackartige Haare, die größtenteils Farbpigmente enthalten. Je nach Art haben manche Schuppen auch röhren- oder lamellenartige Strukturen, die das Licht reflektieren und dem Schmetterling die schönsten Reflexe verleihen. Und weil die Natur so außergewöhnlich gut ist, hat sie den Schmetterling-Männchen auch Schuppen gegeben, die Düfte verströmen, mit denen sie die Weibchen zur Paarung locken.

STECHENDE UND NAGENDE TIERCHEN

Das ist eine heikle Angelegenheit, denn jeder weiß, dass das schöne Insekt leicht, zerbrechlich und kostbar wie eine Blüte ist. Egal, wie vorsichtig man es befreit, man hat unweigerlich Flecken auf den Fingern oder der Handfläche, eine farbenfrohe Erinnerung an die gepuderten Flügel des Insekts. Keine Sorge: Der Verlust dieser Schuppen wird den Schmetterling nicht an den Boden nageln und ihn zum sicheren Tod verurteilen. Ihm bleiben Tausende von Schuppen, die wie Dachziegel auf seinen Flügeln sitzen und eher eine soziale als eine technische Rolle spielen.

Die farbigen Muster sorgen dafür, dass der Admiral von seinen Artgenossen erkannt wird, das Tagpfauenauge seine Fressfeinde abschreckt und die Motte tagsüber getarnt an einer Baumrinde hängen kann. Selbst wenn alle Schuppen verschwinden würden, würde der Schmetterling immer noch von zwei durchscheinenden Membranen getragen, die von Rippen gespannt gehalten werden. Aber mit einer solchen Aufmachung hätte er keine Chance, einen Sexualpartner zu verführen, und auch nicht das Vergnügen, die Wiese zu verschönern. Fazit: Nehmen Sie einen Schmetterling ruhig in die Hand, aber gehen Sie stets behutsam mit ihm um.

WIE BEWUNDERE ICH EINEN SCHMETTERLING?

Um Schmetterlinge zu beobachten und zu bestimmen, muss man sie nicht unbedingt einfangen. Es gibt sehr gute Ferngläser, mit denen man sie sich heranholen und sie vergrößern kann, ohne sie zu erschrecken. Zum Einfangen verwenden Sie am besten ein tiefes Netz, das eigens für diesen Zweck bestimmt ist. Wenn Sie den Schmetterling gefangen haben, positionieren Sie den Fangsack des Netzes nach unten, da der Schmetterling versuchen wird, durch einen Flug nach oben zu entkommen. Sie können den Schmetterling durch die Maschen beobachten oder ihn vorsichtig in ein Glas umsetzen. Falls Sie ihn in die Hand nehmen müssen, sollten Sie unbedingt die Flügel des Schmetterlings schließen, indem Sie sie zwischen Daumen und Zeigefinger so nah wie möglich am Brustkorb des Schmetterlings festhalten. Dadurch wird verhindert, dass er sich wehrt und ein Teil seiner schönsten Pracht an Ihren Fingern hängen bleibt.

GRÖSSERE WILDE TIERE

GÄNGIGE ANSICHTEN AUF DEM PRÜFSTAND

MANCHE FRÖSCHE MACHEN LÄRM ...

Es stimmt, dass Frösche zu bestimmten Jahreszeiten ihre Stimme erheben. Man darf aber nicht alle Frösche über einen Kamm scheren: Einige Arten singen sehr leise, während andere quaken, dass die Kehlsäcke platzen.

Der Grasfrosch, mit dem schönen wissenschaftlichen Namen *Rana temporaria,* ist eine der häufigsten Arten auf dem Land und in den Bergen, wo er bis zu einer Höhe von 2 500 m lebt. Sobald er im Februar als Erster in den Gartentümpel kommt, beginnt er sofort, ein sanftes Brummen, fast ein Flüstern, von sich zu geben, um seine Anwesenheit zu verkünden.

GRÖSSERE WILDE TIERE

Ja, er, es ist das Männchen, das diese räuspernden Geräusche macht, indem es seine Kehlsäcke aufbläst. Wozu das Ganze? Er will Weibchen anlocken, die noch auf Wanderschaft sind, und diejenigen verführen, die bereits im Wasser sind, indem er besser singt als der Nachbar. Diese stimmlichen Äußerungen werden mit der Anzahl der anwesenden Sänger immer mehr, bleiben vom Volumen her aber eher leise, da man schon genau hinhören muss, um sie wahrzunehmen. Sie hören auch auf, sobald man versucht, sich auf leisen Sohlen anzunähern. Dann sollte man einfach bewegungslos abwarten, bis ein mutigerer Brummer seinen Motor wieder anwirft. Ein paar Tage lang ist die Aufregung groß und man kann unauffällig beobachten, wie die verliebten Paare aufeinander hockend Sex haben. Danach verstreuen sich die Grasfrösche über den ganzen Garten, nachdem sie große, gallertartige Ballen zurückgelassen haben, die Vorboten von Kaulquappen und kleinen Fröschchen. Die erwachsenen Frösche werden wieder still und man trifft sie höchstens zufällig an einem Baumstumpf oder unter einem Zucchiniblatt an, wo sie der Jagd nach Schnecken, kleinen Insekten oder Regenwürmern nachgehen.

GÄNGIGE ANSICHTEN AUF DEM PRÜFSTAND

Kleine Wasserfrösche und Teichfrösche (*Rana lessonae und Rana esculenta*) unterscheiden sich von Grasfröschen nicht nur durch ihre Farbe, sondern vor allem durch ihr ohrenbetäubendes Quaken. Sie sind es, die die Nachbarn oder einen ganzen Straßenzug verärgern können, wenn sie ab April und oft bis weit über die Paarungszeit hinaus die ganze Nacht hindurch singen. Der erste Preis für nächtliche Ruhestörung geht jedoch nicht an sie. Er geht an den Seefrosch (*Rana ridibunda*), eine ebenfalls grün gefärbte Art, die ursprünglich aus Osteuropa stammt. Sie wurde zu Forschungszwecken und aus gastronomischen Gründen in Frankreich eingeführt. Das ruhende Tier ist bis zu 14 cm lang, während der Teichfrosch nur 7 bis 11 cm lang ist, was den Seefrosch zu einer begehrten, aber zumindest fragwürdigen Delikatesse für Liebhaber schöner Schenkel macht. Er ist derjenige, der oft sowohl am Tag als auch in der Nacht quakt. Die gute Nachricht? Er ist eher kälteempfindlich und wagt sich, wie die anderen Wasserfroscharten, kaum in höhere Lagen.

In niedrigeren Lagen und in südlichen Regionen kann sich auch das mächtige Konzert der Laubfrösche (*Hyla arborea*) in der Dämmerung erheben. Diese kleinen Laubfrösche bevorzugen jedoch große Sumpfgebiete mit einladenden Sträuchern, nicht nur Gartentümpel.

TIPPS UND TRICKS, UM DEN GESANG DER GRÜNEN FRÖSCHE ZU ERTRAGEN UND IN HARMONIE MIT DIESEN FRÖHLICHEN KREATUREN ZU LEBEN

- Genießen Sie die Gesänge.
- Schlafen Sie auf beiden Ohren.
- Kaufen Sie Ohrstöpsel.
- Üben Sie sich in Geduld.
- Singen Sie lauter.
- Laden Sie die Nachbarn zum Konzert ein.
- Verreisen Sie im Frühling.
- Ziehen Sie um.

GRÖSSERE WILDE TIERE

WUSSTEN SIE ...?

• Kröten können auch singen! Diese von Pusteln übersäten Amphibien, die nicht etwa männlich Frösche sind, verführen ihre Krötinnen, indem sie ein Liedchen singen. Die gedrungene und ruhige Erdkröte (*Bufo bufo*) ist die häufigste Kröte im Garten. Man entdeckt sie unbeweglich auf der Lauer in einer kühlen Mulde, die sie unter einem Baumstumpf, einer Mauer oder einem Stein gegraben hat. In den Märznächten macht sich der Kröterich im Teich durch nicht sehr hübsche, aber auch nicht störende *euk euk euk* Rufe bemerkbar.

• Die Geburtshelferkröte ist drei- bis viermal kleiner als ihr Cousin und der charmanteste aller Musiker. Die Männchen, die die befruchteten Eier auf ihren Hinterbeinen tragen, geben ab April flötende Töne von sich, die ein wenig an Rufe der Waldohreule erinnern, aber viel leiser sind. Um ihre Serenaden zu hören und sie in den Garten zu locken, muss man natürlich eine Wasserstelle anlegen, aber auch steinige Gründe wie Steinhaufen oder Trockenmauern, in denen sich die kleine Amphibie tagsüber versteckt.

GÄNGIGE ANSICHTEN AUF DEM PRÜFSTAND

MACHEN KRÖTEN PICKEL?

Unbestritten, die Kröten wurden von Mutter Natur nicht gerade mit Schönheit verwöhnt. Aber nur weil Kröten mit Warzen übersät sind, heißt das nicht, dass wir bei bloßer Berührung auch Warzen bekommen. Doch dieser Irrglaube hat sich durchgesetzt ...

GRÖSSERE WILDE TIERE

Merke: Die Pusteln der Kröte sind nicht ansteckend. Sie sind Drüsen, von denen die meisten einen Schleim absondern, der die Haut des Tieres elastisch und feucht hält, wenn es sich außerhalb des Wassers befindet. Wenn die Haut austrocknen würde, hätte die Kröte Schwierigkeiten zu atmen, da ihre primitiven Lungen sie nicht ausreichend mit Sauerstoff versorgen würden. Sie könnte auch verdursten, da Amphibien über die Haut und nicht über den Mund trinken.

Man kann also eine Kröte anfassen, ohne Gefahr zu laufen, sich Pickel einzufangen. Allerdings sollte man sich nach dem Anfassen der Kröte nicht die Augen reiben oder die Finger zum Mund führen, vor allem wenn man die beiden großen Ohrdrüsen (auch Parotoiddrüsen) berührt hat, die sie am Hinterkopf trägt. Diese auch als Giftdrüsen bezeichneten, gut sichtbaren Ausstülpungen sind ein teuflisch wirksames Mittel zur Abwehr von Gefahren: Wie manche Pusteln sondern sie Bufotoxine ab, allerdings in größerer Menge. Dieser antiseptische Giftcocktail schützt die Haut der Kröte vor Pilz- und Bakterienkrankheiten und kann auch Fressfeinde abwehren. Da die Toxine auf den Schleimhäuten aktiv sind, verursachen sie Verbrennungen und Reizungen. Bei Verschlucken können sie zu Herz-, Verdauungs- und Nervenstörungen führen. Von Generation zu Generation haben die Fressfeinde der Kröte ihre Lektion gelernt und die meisten gehen ihr aus dem Weg. Die Kröte genießt einen königlichen Frieden und verdient daher ihre Krone als sanftmütiger Prinz und unsere Entschuldigung, wenn wir sie im Garten aufscheuchen.

WUSSTEN SIE ...?

- Keine Angst, wenn eine Kröte sich aufbläht, wenn man sie in die Hand nimmt. Das ist ihre Art, ihre Giftdrüsen zu präsentieren und davor zu warnen, dass ein Versuch sie zu schlucken, gefährlich werden kann.
- Der Iltis, ein Jäger im Sumpf schlechthin, ist nicht zimperlich, wenn es um Kröten geht. Er frisst nur das Hinterteil der Kröte und achtet darauf, dass die Haut übrig bleibt.
- Der giftige Schleim, der die Eier und Kaulquappen der Kröte umhüllt, ist gegen Räuber nicht zuverlässig wirksam: Molche, Libellenlarven, Fische und Nattern lassen sich nicht abschrecken.
- Eine Kröte am Fuß einer Mauer zu entdecken, ist eher ein gutes Omen für den Gärtner. Die Kröte hat einen großen Appetit und schnappt sich Insekten, Würmer, Spinnen und Schnecken, die in Reichweite ihrer klebrigen Zunge vorbeikommen.

GÄNGIGE ANSICHTEN AUF DEM PRÜFSTAND

HOLEN BUSSARDE DIE HÜHNER?

Es gab eine Zeit, in der Greifvögel in Europa ein extrem schlechtes Image besaßen. Ob tag- oder nachtaktiv, man machte sie für kommendes Unheil und alle möglichen Missetaten verantwortlich, die sie nicht begangen hatten.

Nach dem Vorbild der Hexen, die man sich volkstümlich mit ähnlichen Accessoires wie Hakenschnabel und Krallenfingern vorstellte, wurden einige Arten sogar beschuldigt, Säuglinge zu töten oder sie wegzutragen. Bis vor kurzem mussten Falken, Bussarde, Eulen, Milane und Geier einen hohen Tribut an diese Vorstellungen, den Aberglauben und die städtischen Verordnungen, die sie als Schädlinge bezeichneten, zahlen. Die Dinge haben sich glücklicherweise geändert. Dank der Ornithologen, die die Lebensweise der Greifvögel und ihre wichtige Rolle im Ökosystem enthüllten, wurden sie rehabilitiert und unter Schutz gestellt.

GRÖSSERE WILDE TIERE

HABICHT   BUSSARD

Ja, aber ein Beutegreifer bleibt ein Beutegreifer. Chorknabe wird keiner daraus! Ob mit Federn oder Haaren, es kann vorkommen, dass der Räuber leichte und ungeschickte Beute ausfindig macht, wie zum Beispiel gut genährte und wunschgemäß etwas fette Vögel, die nicht höher auffliegen können als ihr Gehege hoch ist: Hühner. Der Mäusebussard ist der Greifvogel, der von den meisten Geflügelhaltern systematisch beschuldigt wird: Er sei es, der in aller Heimlichkeit das ganze Huhn oder seine besten Stücke wegschleppen würde. Das stimmt nicht!

WUSSTEN SIE …?

- Bei den Habichten sind die Männchen kleiner als die Weibchen. Vor allem das Männchen fängt die Beute für die Familie, aber Madame nimmt die Verteilung vor. Man könnte ihn eventuell mit einem Sperberweibchen verwechseln, aber er ist massiger und hat längere Flügel.

- Als Superräuber ernährt sich der Habicht von allen Vögeln, die in seine Reichweite kommen. Er kann sogar den Bussard angreifen, der größer ist als er!

Der Bussard ist zwar einer der bekanntesten und häufigsten „Hakenschnäbel" auf dem Land, aber er jagt lieber von einem Ansitz am Feldrand aus in aller Ruhe Wühlmäuse, bevor er sich ein Huhn holt, das in der Nähe von Häusern herumstolziert. In Wirklichkeit ist der Habicht der eigentliche Spezialist für die Vogeljagd.

Er ist ein sehr diskreter Greifvogel, der mit dem Wald, in dem er sein Nest hat, verschmilzt. Der Habicht ist flexibel und leise, navigiert zwischen den Bäumen und verfolgt Eichelhäher, Krähen, Spechte und Sperlingsvögel, indem er Hindernissen ausweicht. Der Habicht ist durch seinen langen Schwanz, seine gestreifte Brust und seine legendäre Unauffälligkeit leicht vom Bussard zu unterscheiden. Wenn die Brutzeit in vollem Gange ist und der Nachwuchs ständig hungrig, kann sich der Habicht einem Hühnerstall nähern, um sich dort sein Futter zu holen. Wenn die Henne nicht zu schwer ist, trägt er sie zum Nest, aber in den meisten Fällen begnügt er sich damit, ein paar zarte Stücke herauszureißen und den Kadaver auf dem Boden liegen zu lassen. Wenn der Angriff reibungslos verlaufen ist und das Fressen gut geschmeckt hat, kommt der Habicht höchstwahrscheinlich zu einem erneuten Angriff zurück. Das ist durchaus verständlich, aber nicht unbedingt entschuldbar. Aus diesem Grund werden manchmal Ausnahmegenehmigungen für den Abschuss von Habichten erteilt, die sich auf die Jagd in Hinterhöfen spezialisiert haben.

DEN HÜHNERHOF SICHER AUSRÜSTEN

Um das Geflügel vor Angriffen aus der Umgebung zu schützen, gibt es einige wirksame Methoden:

- Den Hühnerstall in eine Voliere verwandeln, wodurch die Hühner auch für andere Beutegreifer (Füchse, Marder usw.) unzugänglich werden.
- Zwischen den Zäunen oder Palisaden des Hühnerstalls kreuz und quer Drähte spannen, um das Eindringen von oben aus der Luft zu verhindern.
- Im Hühnergehege Sträucher und Büsche pflanzen. Das bietet den Hühnern Unterschlupf, sorgt für Insekten und Früchten als Hühnerfutter und erschwert die Verfolgung durch Greifvögel erheblich.
- Ein Pfauenpaar adoptieren. Sie eignen sich hervorragend zum Bewachen des Hühnerhofs und schrecken mit ihrem energischen Geschrei Beutegreifer nachhaltig von einem zweiten Besuch ab. Auch lautstarke Gänse eignen sich gut.

GRÖSSERE WILDE TIERE

SOLL MAN NESTLINGE AUFSAMMELN?

Wenn die Brutzeit der Vögel ihren Höhepunkt erreicht, ist es nicht ungewöhnlich, wenn Sie einen jungen Spatz oder eine kleine Amsel entdecken, der/die vor Schreck wie gelähmt am Fuße eines Baumes oder in den Blumenbeeten sitzt oder versucht, sich durch ungeschicktes Herumflattern Ihren Blicken zu entziehen.

Die zarten, klagenden Schreie und der Blick aus großen Augen gehen uns direkt ins Herz und uns überkommt die Versuchung, ihn zu fangen und zu „retten". In Wirklichkeit ist der Jungvogel in den meisten Fällen völlig gesund. Er ist weder aus dem Nest gefallen noch wurde er von seinen Eltern verlassen. Der freiheitsliebende, tollkühne Teenager wollte wahrscheinlich den Erwachsenen folgen, obwohl er noch ein ungeübter Flieger war und überhaupt nicht landen konnte. Es ist daher ganz normal und natürlich, dass er sich nach der Bruchlandung auf dem Boden wiederfindet, wo ihn sein Instinkt dazu drängt, sich so schnell wie möglich zu tarnen. Da seine Eltern unauffällig kommunizieren, entdecken sie den Jungvogel sehr schnell und füttern ihn bis zu seiner vollständigen Emanzipation weiter. Es ist also besser, weiterzugehen und den Jungvogel dort zu lassen, wo er ist. Höchstens wenn eine Katze oder eine Straße in der Nähe ist, können Sie das Vögelchen hochheben und auf den unteren Ästen eines Baumes oder eines großen Strauchs in Sicherheit bringen.

Nur in den folgenden Fällen könnte man eventuell eingreifen. Die Betonung liegt auf „eventuell", denn es ist nicht unbedingt hilfreich, den guten Samariter zu spielen. Von Menschen aufgezogene und dann freigelassene Jungvögel haben eine viel kürzere Lebenserwartung als ihre natürlich aufgewachsenen Altersgenossen (weniger abwechslungsreiche Nahrung, Stress, Gewöhnung an den Menschen …).

Der Jungvogel trägt nur Flaum: Halbnackt, mit ein paar Daunen und zwei oder drei Federn als einzige Deckung, hat der Jungvogel am Boden nichts zu suchen: Sein großer Sprung war unglücklich. Versuchen Sie bestenfalls, ihn wieder in sein Nest zu setzen. Wenn Sie sich für das Eingreifen entscheiden, müssen Sie mit dem Schlimmsten rechnen: Die Überlebenschancen sind äußerst gering.

Der Jungvogel ist wirklich verwaist: Wenn Sie seine Eltern mindestens eine Stunde lang nicht kommen sehen, ist ihnen etwas zugestoßen oder das Nest wurde zerstört. In diesem Fall können Sie den Vogel aufnehmen. Beachten Sie aber die Gesetzeslage zum Pflegen von Wildvögeln. Am besten bringen Sie den Vogel in eine zugelassene Pflegestation.

Der Jungvogel ist verletzt. Der gleiche Rat wie oben: Bringen Sie ihn zu Spezialisten.

GRÖSSERE WILDE TIERE

WUSSTEN SIE …?

• Ein Kohlmeisenpaar kann pro Jahr zwei Bruten mit fünf bis zwölf Eiern haben. Wenn alle Jungen überlebten, würde sich die Population im nächsten Jahr fast verzehnfachen und dann exponentiell ansteigen, was bei den Meisen zu Wohnungs- und Hungersnöten führen würde. Zum Glück hat die Natur Beutegreifer, Wetterkapriolen und viele kleine Widrigkeiten vorgesehen, die die natürliche Auslese ankurbeln und die Überlebenden widerstandsfähiger machen. Im Falle der Meisen wird geschätzt, dass im Durchschnitt einer von zehn Jungvögeln und einer von zwei Altvögeln von einem Jahr zum nächsten überlebt.

• Vogelkästen müssen nicht so gründlich geschrubbt werden: Eine Schweizer Studie über Meisen legt nahe, dass das Vorhandensein von Parasiten (Flöhe, Zecken usw.) im Nest einen positiven Einfluss auf die spätere Gesundheit der Jungvögel hat. Allerdings leben Vögel auch nicht gerne im Schmutz und wechseln regelmäßig ihre natürlichen Höhlen, um dem Schmutz zu entgehen. Ornithologen empfehlen daher, die Nistkästen zumindest alle zwei Jahre im Oktober zu reinigen und dabei natürlich keine Insektizide zu verwenden.

GÄNGIGE ANSICHTEN AUF DEM PRÜFSTAND

DAS MÄRCHEN VON DER FLEDERMAUS IM HAAR

Heute weiß jeder, dass Fledermäuse nicht blind sind, kein Blut saugen und weder bösartig noch böse sind, auch wenn sie nachts in der Gesellschaft von Eulen leben. Trotzdem: Manche Menschen glauben immer noch unumstößlich, dass Fledermäuse in den Haaren hängen bleiben.

GRÖSSERE WILDE TIERE

Aber woher kommt diese Geschichte? Könnte es sein, dass sich vor langer Zeit ein kleines Tier im Halbschlaf in der Perücke eines Edelmanns oder in den Zöpfen einer Bäuerin verfing und damit die nächsten Generationen von Fledermäusen in Verruf brachte? Das werden wir wohl nie erfahren, aber es ist ernsthaft zu bezweifeln. Was die jüngere Geschichte jedoch zeigt, ist, dass es dank dieser hartnäckigen Legende leicht war, junge Mädchen dazu zu bringen, Kopftücher zu tragen und sie vor allem daran zu hindern, abends auszugehen, während die Jungen mit ihren kurzen Haaren feiern gingen.

Glücklicherweise haben sich Wissenschaftler mit dem Thema beschäftigt und ihr Urteil ist eindeutig: Nein, Fledermäuse bleiben nicht in den Haaren hängen. Zum einen haben sie kein Interesse daran, zum anderen können sie jedes Hindernis, das sich ihnen in den Weg stellt, „mit den Ohren sehen", egal ob es ein zerzauster Kopf oder eine feine Angelschnur ist. Fledermäuse sind mit einem hochleistungsfähigen Sonar ausgestattet und senden kontinuierlich Ultraschallwellen aus, deren Echo an ihre Ohren zurückgelangt und ihnen ermöglicht, alle Objekte in ihrer Umgebung zu lokalisieren. Noch besser: Sie können die Größe, das Volumen und die Bewegung von Objekten mit außerordentlicher Genauigkeit einschätzen. Die Kleine Hufeisennase zum Beispiel, eine Art mit hufeisenförmiger Schnauze, lässt sich fast nicht mit einem Netz einfangen, weil ihr Sonar Fäden mit einem Durchmesser von 0,1 mm aus 10 m Entfernung erkennen kann.

WUSSTEN SIE ...?

- Wenn es ein Tier gibt, das sich nach Einbruch der Dunkelheit in Ihrem Haar verfangen könnte, dann ist das zweifellos der Maikäfer (siehe S. 84). Nach einem dreijährigen Larvenzyklus im Boden kommt dieser große Käfer im Juni zusammen mit Hunderten seiner Artgenossen zum Vorschein und fliegt sofort in die Höhe, um sich in den Bäumen zu paaren und Blätter zu fressen. Wenn Sie sich in seiner Flugbahn befinden, ist es durchaus möglich, dass das schwerfällige und ungeschickte Insekt versucht, auf Ihrem Haar zu landen. Aber glücklicherweise werden Sie durch sein Gebrumme im Flug schnell darauf aufmerksam gemacht.

- In der warmen Jahreszeit verspeisen Fledermäuse jeden Tag ein Drittel ihres Körpergewichts an Nahrung, was sie zu hervorragenden Regulierern von Insektenpopulationen macht. Im Garten kann man ihre Anwesenheit begünstigen, indem man Wasserstellen anlegt, tote Bäume erhält und Nistkästen für Fledermäuse aufhängt.

- Der Wortteil „Fleder" kommt vom Verb „flattern". Das Wort Maus kam in den Namen, wegen der mausähnlichen Körpergestalt. Früher konnte man sich nicht erklären, wieso ein Tier mit Fell plötzlich fliegt, und nannte sie schlicht „eine Maus, die flattert": die Fledermaus.

GRÜNE HÖLLE

GÄNGIGE ANSICHTEN AUF DEM PRÜFSTAND

EFEU ERWÜRGT BAUM

„Haben Sie keine Angst, dass der Efeu Ihre Bäume erstickt?"
Diese Frage ist ein Dauerbrenner. Sie verunsichert oder verärgert
uns, denn in der Tat genießt Efeu keine gute Presse.

Jahrhunderte lang wurde Efeu unter dem Vorwand kurz gehalten, dass er das Wachstum der Bäume behindern und sie mit Sicherheit töten würde. Zwischenzeitlich konnte die Wissenschaft den Efeu schrittweise rehabilitieren, sodass auch Forstwirte ihn heute wieder akzeptieren. Die Legenden halten sich aber hartnäckig, viele Menschen posaunen sie weiterhin herum und viele Gärtner sehen den Efeu skeptisch. Zu Unrecht weist man ihm die Schuld zu, Bäume zu ersticken und Mauern zu ruinieren. Sicherlich ist die Pflanze sehr kräftig, verdient aber keineswegs so viel Hass.

Man kann es nicht genug betonen: Efeu tötet nicht den Ast, auf dem er wächst! Anders als die parasitische Mistel saugt er keine Säfte aus dem Baum. Die Kletterpflanze begnügt sich damit, den Baum als Stütze zu nutzen und wächst daher an einem Strommast oder einer Hausfassade ebenso gut wie auf einer einhundert Jahre alten Eiche. Efeu hält sich mit Tausenden kleiner Haftwurzeln fest, ernährt sich über seine eigenen Blätter und den eigenen Wurzelstock im Boden.

GRÜNE HÖLLE

WUSSTEN SIE ...?

Efeu ist eine Quelle der Artenvielfalt im Garten oder Obstgarten. Je größer er wächst, desto dichter und blütenreicher wird er. Sein Nachteil? Seine einhüllenden Ranken und Blätter sind windanfällig und ziemlich schwer. Das Gewicht erhöht sich noch, wenn Schnee, Reif oder Eisregen darauf liegen. Folglich brechen manche Äste ab, vor allem wenn er sich über alte Obstbäume ausgebreitet hat. Lösung des Problems? Lassen Sie den Efeu an Stämmen und senkrechten Ästen wachsen, verhindern Sie aber, dass er sich über die horizontal ausgreifenden Äste legt.

Im Laufe der Jahre wächst Efeu in die Höhe und hüllt Stamm und Äste in einen dichten grünen Mantel. Stämme und Äste ersticken nicht, die haben nämlich keine Lunge und atmen über die Blätter. Efeu verhindert auch nicht, dass Bäume weiter wachsen. Man kann sich davon überzeugen, wenn man einen Ast von dem darum gewundenen Efeu befreit. Die nackte Rinde weist keinerlei Merkmale von Strangulation auf.

Nun ja, was ist mit abgestorbenen Bäumen in einer Hülle aus Efeu? In diesem Fall hat der Efeu einen bereits toten oder im Sterben befindlichen Baum überwuchert. Ein gesunder Baum hält durch sein dichtes Blattwerk den Efeu niedrig in Schach. Wenn sich der Baum aus Altersgründen, wegen einer Krankheit oder durch Windbruch entblättert, dann wird der Efeu auf seiner Suche nach Licht nicht mehr gebremst und so kann Efeu den Baum komplett einhüllen. Nicht selten sieht man daher völlig von Efeu überwachsene Bäume, die nur noch dank des dichten Efeugewirrs aufrecht stehen.

Außerdem ruiniert Efeu keine Mauern. Englische Wissenschaftler haben bewiesen, dass Efeu sogar das Gegenteil bewirkt: wirksamer Schutz von alten und neuen Gebäuden. Er schützt vor der Witterung, Frostschäden und Schmutzpartikeln, die den Zement und die Steine angreifen. Er vermindert auch die extremen Temperaturschwankungen, die das Mauerwerk im Sommer aushalten muss. Ein Gebäude ist nur dann wirklich in Gefahr, wenn der Efeu in der Mauer wurzelt und nicht im Erdboden. In diesem Fall sollte man ihn an der Wurzel abschneiden und alle Triebe, die die Mauer überziehen, vollständig entfernen, da der Efeu zum Überleben seine krallenförmigen Haftwurzeln in echte Nährwurzeln verwandeln kann. Man sollte den Efeu auch nicht auf das Dach klettern lassen, weil die feinen Triebe sich mit Leichtigkeit unter Dachziegel schieben und diese anheben können. Aus dem gleichen Grund sollte Efeu auch nicht an Trockenmauern klettern, weil er die sorgfältig geschichteten Steine destabilisiert.

Da diese Fragen nun geklärt sind, rückt Efeu in günstigeres Licht, weil Sie ihn besser kennen, und die Pflanze kann ihre Stärken zeigen.

GRÜNE HÖLLE

GÄNGIGE ANSICHTEN AUF DEM PRÜFSTAND

WAS EFEU ALLES KANN

Stammlokal – Wenn Sie jemals im Herbst unter einem alten, üppig blühenden Efeu standen, dann konnten Sie sicher nicht umhin, zu dem Summen aufzublicken! Hunderte Honig- und Wildbienen, Wespen, Schmetterlinge hatten die Sträuße kleiner gelber Blüten zum Ziel, um sich reichlich Pollen oder Nektar zu holen. Zu dieser Jahreszeit ist der Efeu eine sichere Speisekammer für die Bestäuber, weil sich sonst kaum noch etwas für den Rüssel anbietet. Im Spätwinter öffnet das Lokal erneut, nun für die Stand- und Zugvögel. Aus den Blüten haben sich schwarze Beeren entwickelt, wovon sich besonders die Mönchsgrasmücke ernährt, um ihre Batterien nach der langen Reise wieder aufzuladen.

Partikelfilter – Efeu schützt nicht nur seine Stütze vor der Witterung und im Fall von Mauern vor Erosion. In Städten stellte man fest, dass die Blätter auch Feinstaub- und Schmutzpartikel abhalten, die durch Wind, Regen und Nebel verteilt werden.

Gründünger – Efeu hindert den Baum nicht am Wachsen, ganz im Gegenteil. In manchen Eichenwäldern haben Forscher gemessen, dass sich die Bäume besser und schneller entwickelten, sobald Efeu an ihren Stämmen aufgetaucht war. Es scheint, dass sich dies durch das Blattwerk des Efeus erklären lässt. Die Pflanze erneuert ihre Blätter alle 3 Jahre im Frühling, nie jedoch alle gleichzeitig. Daher ist sie immergrün. Die tanninfreien Blätter fallen zu Boden und zersetzen sich dort sehr schnell, wodurch ein reichhaltiger Dünger genau zu dem Zeitpunkt entsteht, da die Bäume in vollem Wachstum stehen. Im Garten hat das Laub des Efeus sicher die gleichen Effekte.

Schützender Mantel – Wenn der Winter beißend kalt wird, finden viele Kleintiere Schutz in den Ärmeln. Rotkehlchen, Amseln und Spatzen verbringen im wärmenden Laub die Nacht, während der Zitronenfalter als einer der wenigen überwinternden Schmetterlinge sich mit geschlossenen Flügeln an den Stamm schmiegt – allesamt gut geschützt unter dem grünen Dach. Der Ansturm auf den Efeu geht im Frühling weiter. Die Verzweigungen sind ideal zum Nestbau und das immergrüne Laub bringt vor allem die Amsel dazu, sehr früh in der Saison ein Nest zu bauen. Auch der Baum hat vergleichbaren Nutzen vom Efeu, weil die Kletterpflanze ihn im Winter vor Kälte schützt und im Sommer vor Sonnenbrand.

100 % natürliches Waschmittel – Hier kommt die ökonomische und ökologische Stärke des Efeus ins Spiel: Die Blätter beinhalten 10–15 % Saponin, wodurch sie zu einer guten Grundlage von pflanzlicher Seife werden. Unsere Ahnen (also eher die Ahninnen) verwendeten Efeu zum Wäschewaschen. Das Rezept ist einfach: Bringen Sie 100 gehackte Efeublätter in 2 Litern Wasser zum Kochen, dann 10 Minuten kochen und 24 Stunden ziehen lassen. Abseihen und 2 Gläser voll pro Waschgang verwenden. Man kann auch noch ein halbes Glas Essig und ein paar Tropfen natureines ätherisches Öl nach Belieben hinzufügen.

GRÜNE HÖLLE

TOTES LAUB ALS SERIENMÖRDER?

Wenn man den üblichen Gerüchten und den Liebhabern von Zierrasenflächen glaubt, dann gehört herabgefallenes Laub ebenso wie der Efeu (S. 60) in die Kategorie der „Serienmörder durch Ersticken". Nur dass diese Schuldigen nicht durch Erwürgen töten, sondern ihre Opfer unter einer dichten Schicht organischen Materials ersticken. Oder?

Schlussfolgerung? Sobald der Herbstwind seiner Aufgabe nachkommt, beginnen viele Menschen schleunigst mit dem Rechen, Einsammeln, Wegblasen, Mähen, Entfernen oder dem Kompostieren der Blätter, die sich in lichten Wellen auf dem Rasen verteilen. Das ist wirklich schade. Denn dadurch beraubt man sich einer kostenlosen Quelle natürlichen Düngers und etlicher Stunden Zeit, die man weitaus konstruktiver verbringen könnte.

Erinnern wir uns nochmals daran: Blätter haben eine essenzielle Funktion in der Natur. Lebend sind sie die Zentrale der Photosynthese und ernähren den ganzen Baum in Form von Zucker. Tot bilden sie um den Fuß des Baumstamms herum eine mehr oder weniger dicke Decke, welche die Feuchtigkeit erhält, das Bodenleben ernährt und den Boden vor Kälte, Frost und Erosion schützt. Geht es um die im Boden lebenden Organismen, so sind die (Regen-)Würmer gut bekannt. Sie ernähren sich von Blättern und von auf der Oberfläche verrotteten Pflanzenresten, sorgen für den ersten Verzehr des Ganzen unter der Erde, wobei sie den Boden belüften, und dann übergeben sie den Staffelstab an Tausende von Mikroorganismen (Bakterien, Pilze, Amöben, usw.). Diese verwandeln die Überbleibsel und Exkremente in fruchtbaren Humus, dessen Nährstoffe von den Pflanzen wieder aufgenommen werden können. Der Kreis schließt sich wieder – so wie seit Jahrtausenden in unseren Wäldern – ohne dass man auch nur ein abgestorbenes Blättchen entfernen müsste.

WUSSTEN SIE ...?

Wenn ein Rasen zu kurz geschnitten wird, entwickeln sich die Wurzeln schlecht, die Halme werden gelb und sie verdursten im Sommer. Halme und trockene Wurzeln bilden ein Stoppelfeld, das sich schlecht zersetzt, und sie ersticken die frischen Gräser, die aufkeimen. An den Stress durch Wassermangel besser angepasst, siedeln sich Moose an, und der Rasen sieht nicht mehr so aus, wie ordentliche Menschen ihn sich vorstellen. Man hat das Gefühl, mit Macht eingreifen zu müssen, und verausgabt sich beim Rasenmähen, Düngen, Wässern und Vertikutieren wie Sisyphos mit seinem Felsen. Um diesem Teufelskreis zu entkommen, wäre folgendes zu empfehlen:
• Schneiden Sie den Rasen nicht kürzer als 6 cm. Das verringert die Bewässerungsmenge und hindert kurze Pflanzen wie Wegerich daran, sich anzusiedeln.
• Verwenden Sie bevorzugt einen mechanischen Mäher oder einen Motormäher, der das Schnittgut nach hinten auswirft. Der Rasenschnitt zersetzt sich schnell und sorgt für Feuchtigkeit sowie Nährstoffe für den Boden. Schluss mit stickstoffhaltigem Dünger, der Rasenschnitt genügt.
• Lassen Sie den Klee im Rasen stehen, weil er in der Wachstumsphase für willkommenen Stickstoff sorgt.
• Wenn Sie eine neue Fläche einsäen, wählen Sie eine Mischung ausdauernder Gräser oder eine Blumenwiese. Lassen Sie die Blumen und Gräser an weniger frequentierten Stellen groß wachsen. Die Bestäuber freuen sich darüber.

GRÜNE HÖLLE

Im Garten verhält es sich genauso. Im Herbst auf dem Rasen belassenes Laub ist ein Pfand für einen lebendigen Boden und gesunde Gräser, die im folgenden Sommer widerstandsfähiger bei Trockenheit sein werden als eine durch den gesamten Winter hindurch nackte Rasenfläche, die man im Frühling mit Dünger und Pflanzenschutz behandelt. Das welke Laub wird langsam, aber sicher von einer Armee von Organismen zersetzt und das Gras wird durch die Überreste im nächsten Frühling leicht hindurchwachsen. Das überzeugt Sie nicht? Versuchen Sie es einmal mit einem Rasenstück und Sie werden sehen, dass die Blätter wie von Zauberhand verschwinden ... Natürlich muss man gleichzeitig die synthetischen Düngemittel, Fungizide, Herbizide und Moosvernichter, die eventuell zur Rasenpflege eingesetzt wurden, aus dem Garten verbannen. Die Mikrofauna des Bodens kommt dann zurück und erfüllt ihre magische Rolle.

GÄNGIGE ANSICHTEN AUF DEM PRÜFSTAND

MOOSE UND FLECHTEN QUÄLEN MAUERN?

Es sind außergewöhnliche Pflanzen, fähig sich dort anzusiedeln und unter solch extremen Bedingungen zu gedeihen, wo jedes normal gebaute Lebewesen sich fluchtartig davon machen würde. Als Pioniere haben Flechten und Moose den ganzen Erdball einschließlich der feindseligsten mineralischen Untergründe erobert. Wenn nötig, ziehen sie sich zusammen, trocknen aus und warten so auf bessere Zeiten.

In der Natur spielen sie eine wichtige Rolle: Sie bringen Leben an Orte, an denen es keines gibt, bieten einer Vielzahl mikroskopisch kleiner Lebewesen Unterkunft und Verpflegung, bauen langsam, aber stetig Humus auf und bereiten so den Boden für eine Reihe von Pflanzen, die etwas weniger wagemutig sind. Kurz gesagt, man sollte sie respektieren und bewundern, was aber eher selten passiert. Auf alten Steinen, Zinnen und Ruinen, denen sie einen gewissen Charme verleihen, werden sie geduldet, während man sie auf unseren modernen Beton- und Zementbauten oft mit Drahtbürsten, Kärchern und Herbiziden in großem Umfang verfolgt.

GRÜNE HÖLLE

Was ist der Grund? Moose und vor allem Flechten würden die Unversehrtheit der Wände gefährden, indem sie Mörtel und Beschichtungen beschädigen. Das ist doch unglaublich! Sind unsere Materialien wirklich so minderwertig, dass sie unter den bescheidenen Angriffen zerbröckeln, während die Schlösser von einst die Jahrhunderte ohne Probleme überdauerten? Um sich auf dem nackten Stein, den sie als erste erobern, festzuhalten und auszubreiten, produzieren Flechten zwar saure Substanzen, die den Kalk an der Oberfläche auflösen und so die Verankerung ihrer Spikes erleichtern. Die Mengen sind jedoch verschwindend gering und greifen das Mineral in der Tiefe nicht an. Diese Organismen, die halb Alge und halb Pilz sind, besitzen keine echten Wurzeln und haben kein Interesse daran, im Stein nach Feuchtigkeit zu suchen, die sie dort ganz sicher nicht finden würden. Zum Leben und Überleben verlassen sie sich ausschließlich auf das Wasser, das vom Himmel fällt, und auf feinste Partikel, Pollen und Staub, welche der Wind herbeiträgt.

WUSSTEN SIE ...?

- Mit ihren Rissen und kleinen Kratern sehen die Flechten, die auf dem Stein wachsen, wie die Oberfläche des Mondes aus. Je nachdem, ob sie auf Kalkstein oder Granit sitzen, unterscheiden sich jedoch die Arten. Wenn das Flechten-Mosaik eine schöne Palette ineinander verlaufender Ocker-, Gelb-, Braun- und Grautöne zeigt, hat man es mit den Granit-Fans zu tun. Wenn die Flechten hingegen nur in Grautönen vorkommen, hocken sie wahrscheinlich auf Kalkstein. Was ist die Erklärung dafür? Granit ist ein hartes Gestein, das sich nur schwer auflöst, aber es ist viel reicher an mineralischen Spurenelementen als Kalkstein. Das bisschen, was die Flechten abbekommen, zeigt sich in ihren Farben.
- Das Vorhandensein mehrerer Flechtenarten an den Wänden ist ein gutes Zeichen. Es zeigt, dass die Luft, die Sie einatmen, nicht zu stark verschmutzt ist. Diese Pflanzen, die sich wie Teppiche ausbreiten, nehmen Nährstoffe und Schadstoffe aus der Luft wahllos auf. Wenn die Belastung mit Schwefeldioxid, Schwermetallen oder organischen Schadstoffen zu hoch wird, verschwinden die weniger widerstandsfähigen Arten.

Flechten wachsen sehr langsam. Viele Felsplatten, die nach der letzten Eiszeit vor etwa 12 000 Jahren freigelegt wurden, sind noch nicht einmal vollständig von ihnen bedeckt. Wir werden wohl kaum erleben, dass eine Mauer ihretwegen zu bröckeln beginnt. Die Moospolster, die sich als zweite ansiedeln, sind ebenfalls kaum eine Bedrohung. Das wenige Wasser, das sie enthalten und das sie aus Tau und Regen aufnehmen, dient ausschließlich ihrem Wachstum und der kleinen Fauna, die sie beherbergen, und keinesfalls dem Sprengen von Fugen und Verputz.

Warum versuchen die Menschen so hartnäckig, sie trotzdem loszuwerden? Aus Sorge um Sauberkeit und Ästhetik? Wenn man sich die Zeit nimmt, sie aus der Nähe zu betrachten, wird man sicherlich feststellen, dass diese pflanzlichen Kreaturen aus einer anderen Zeit wahre Kunstwerke sind.

LASSEN WIR FLECHTEN UND MOOSE IN FRIEDEN LEBEN

Viele Gärtner bürsten Moose und Flechten, die an den Stämmen von Obstbäumen wachsen, systematisch ab, weil sie angeblich Parasiten beherbergen. Dieser furchterregende und schrecklich ungenaue Begriff ist teuflisch praktisch: Man kann alles Ungeziefer, das einem lästig werden könnte, in einen Topf werfen. Nur sind in einem ausgewogenen Ökosystem bei Ungeziefer auch immer diejenigen in der Nähe, die es fressen. Mit anderen Worten, wenn man diese Sichtweise teilt, bedeutet die Vernichtung der „Schlechten" gleichzeitig das Verschwinden der „Guten". Weg mit der Bürste! Lassen wir der Natur ihren Lauf. Wenn Sie noch Zweifel haben, versetzen Sie sich für einen Moment in die Rolle eines Ohrenkneifers oder Marienkäfers, die uns als Blattlausvertilger gute Dienste leisten. Was würden Sie an deren Stelle als Winterquartier wählen: eine moosbewachsene Rinde oder einen sauberen Baumstamm, der allen Winden ausgesetzt ist?

GRÜNE HÖLLE

DAS TOTHOLZ MUSS WEG, ODER?

Wenn ein Baum im Garten stirbt, ist die erste Reaktion immer, ihn so schnell wie möglich zu fällen und zu entsorgen. Der Baum wird in Stücke geschnitten, bestenfalls um Feuerholz zu machen. Warum eigentlich? Weil er keinen Nutzen mehr habe, auf jemanden fallen könnte und sogar Krankheiten übertragen würde ...

War der Baum wirklich krank? Ist er nicht an der Dürre oder einfach an Altersschwäche gestorben? Und an welche Krankheiten denkt man? An welche Schädlinge? In Wirklichkeit sind die Organismen, die sich in totem Holz entwickeln, speziell an dieses angepasst und unterscheiden sich deutlich von denen, die in lebenden Pflanzen parasitieren. Außerdem sind sie an bestimmte Baumarten oder -familien gebunden und siedeln sich daher nicht einfach irgendwo an. Xylophage, also holzfressende, Pilze wie Austernpilze und Zunderschwämme haben nichts mit Pilzkrankheiten zu tun, wie beispielsweise

Birnengitterrost und Apfelschorf, abgesehen davon, dass sie ebenfalls durch Pilze ausgelöst sind. Was die Insekten betrifft, so legen Bockkäfer ihre Eier ausschließlich in Baumstümpfe und totes Holz, im Gegensatz zum Eulenfalter. Die Raupen dieses Schmetterlings graben sich in junge, gesunde Stämme.

In den meisten Fällen gibt es also keinen Grund zu der Annahme, dass ein toter Baum Krankheiten auf die umstehenden Pflanzen überträgt. Ganz im Gegenteil: Er ist ein wichtiges Glied im Kreislauf des Lebens.

Solange der tote Baum noch steht, ist er ein Glücksfall für Vögel und eine Vielzahl von wirbellosen Tieren, die unter seiner Rinde hausen. Spechte, Kleiber, Baumläufer und Meisen finden hier Unterschlupf und Nahrung. Schmetterlinge finden hinter dem Efeu Schutz, während Käferlarven sich in das Holz bohren und es zerfressen. Das öffnet Pilzsporen und Bakterien die Tür, die langsam, aber sicher an der natürlichen Wiederverwertung von mehreren Festmetern organischer Materie beteiligt sind. Sobald das wurmstichige Holz auf dem Boden liegt, fallen die Zersetzer darüber her: Asseln, Wanzen und Regenwürmer verwandeln es in Humus, der das Leben und die Fruchtbarkeit des Bodens sichert. Hier werden Samen keimen und Wurzeln eine enorme Menge an Mineralstoffen assimilieren, die als Umwandlungsprodukte des alten, toten Baumes entstanden sind.

WUSSTEN SIE ...?

- Die einst von Wäldern bedeckten landwirtschaftlichen Flächen entstanden durch die Umwandlung toter organischer Materie (Tiere und Pflanzen), die über Jahrtausende hinweg anfiel. Heute mangelt es den meisten intensiv bewirtschafteten Böden an Humus, da die zur Ernährung der Pflanzen ausgebrachten synthetischen Düngemittel Laub und Totholz nicht gebührend ersetzen können. Beides ist für das Bodenleben, die Struktur und den Reichtum des Bodens unerlässlich. Nachhaltige Landwirtschaft setzt auf Bodenbedeckung, Gründüngung und Agroforstwirtschaft, um die natürlichen Stoffkreisläufe wiederzubeleben, die einen Schlüssel für die Fruchtbarkeit der Böden darstellen.
- In Anlehnung an den Wald, in dem nichts verlorengeht, sondern alles wiederverwertet wird, versucht die Permakultur, Ökosysteme mitten in der menschlichen Gesellschaft zu schaffen: essbar, autonom und widerstandsfähig. Totholz ist eine der Säulen. Zahlreiche Techniken, wie sich selbst düngende Hügelbeete oder der Anbau in geschichteten Kulturbeeten (wie Lasagne) kurbeln die ökologischen Kreisläufe wieder an.

GRÜNE HÖLLE

Fazit: Lassen Sie einen toten, noch aufrechten Baum so lange wie möglich im Garten stehen. Schneiden Sie nur die Äste ab, die herunterzufallen drohen, oder bewahren Sie nur den Stamm, wenn Sie sich vor der Krone fürchten. Lassen Sie eine Weinrebe, eine Rose, eine Kiwi, Hopfen oder eine andere Kletterpflanze an ihm emporranken, die ihm ein zweites Leben und enorm viel Charme verleihen. Und natürlich pflanzen Sie einen jungen Baum an seine Seite: Er wird direkt an der Quelle des Lebens wachsen.

KOMPOST-HAUFEN STINKEN NUR, WENN …

Natürlich stinkt ein Kompost, wenn Sie ihn in einen Behälter ohne jegliche Belüftung einsperren! Es ist das Schicksal aller feuchten organischen Materialien, dass sie unter Sauerstoffmangel im eigenen Saft gammeln und dabei Gase produzieren, auf die wir gerne verzichten würden. Dieses Phänomen nennt man „anaerobe Gärung" und hat nichts mit Kompostierung zu tun, sofern sie fachgerecht durchgeführt wird.

Um richtig zu kompostieren, müssen Sie aber keinesfalls eine Biochemiestunde wiederholen. Gesunder Menschenverstand, Beobachtungsgabe und eine gute Portion Schmieröl sollten völlig ausreichen. Bevor wir zur Praxis übergehen, werfen wir noch einen weiteren Blick auf das Vokabular. In der Umgangssprache bezeichnet der Begriff „Kompost" nicht nur den Ort, an dem wir unsere pflanzlichen Abfälle in der Küche (den Eimer) und im Garten (den Haufen) entsorgen, sondern auch das Produkt, das später das Wachstum unserer Zier- und essbaren Pflanzen ankurbeln wird. Der Lagerplatz kann bei unsachgemäßer Handhabung stinken. Reifer Kompost riecht dagegen immer gut. Zwischen dem „Aufsetzen des Kom-

posts" und der Entnahme des Komposts liegt ein mühsamer Umwandlungsprozess, an dem viele kleine Akteure beteiligt sind:

Mikroorganismen und wirbellose Zersetzer, sprich Würmer, Larven, Tausendfüßler, Asseln, Bakterien, Pilze usw. Sie arbeiten in der Regel mehrere Monate.

Wie vermeidet man schlechte Gerüche?

Erste goldene Regel: Der Kompost muss gut belüftet sein. Dichte Behälter und Deckel sind daher tabu, denn die Gase müssen jederzeit ungehindert ein- und ausströmen können. Im Garten eignet sich ein Silo aus Maschendraht oder Paletten hervorragend. Wenn Sie Platz haben, sind zwei nebeneinander stehende Silos (oder Komposthaufen) noch besser: Wenn das erste voll ist, wird der Inhalt in das zweite umgefüllt, wodurch der Haufen gleichzeitig belüftet wird, und dann befüllt man den ersten Silo wieder, während sich der Reifungsprozess im zweiten fortsetzt. Beim Befüllen sollte man auch ab und zu daran denken, den Haufen mit einer Mistgabel zu wenden.

Die zweite Regel: Der Kompost darf nicht zu feucht sein. Wenn Sie nur Rasenschnitt und wasserreiche Küchenabfälle aufschütten, sinkt der Haufen kompakt zusammen, gerät in Gärung und Ihre Nachbarn werden die Nase voll davon haben. Um garstige Bemerkungen zu vermeiden, sollte man unbedingt zwischen den „grünen" Abfällen auch „braune", härtere Materialien wie Stroh, Laub, zerkleinerte Äste oder sogar Pappstücke verwenden, sofern nichts Natürlicheres vorhanden ist. Das in der Natur vorherrschende Gleichgewicht zwischen Kohlenstoff (braun) und Stickstoff (grün) wird auf diese Weise besser gewahrt und die Scharen von kleinen Helferlein, die an der Kompostierung beteiligt sind, werden sich darüber freuen. Umgekehrt darf der Kompost aber auch nicht zu trocken sein: Er braucht Wasser, um die Umwandlungsfabrik am Laufen zu halten. Trocknet er im Sommer aus, so genügt es, ein oder zwei Gießkannen auf die faserreichen Schichten zu gießen, um das zu beheben.

Wenn Sie diese Vorsichtsmaßnahmen beachten, sollte das Kompostieren gut funktionieren und nach abschließendem Durchsieben werden Sie mit einem schönen Haufen schwarzen Goldes belohnt, das nach Humus duftet und ein wahrer Schatz für Ihre Beete ist.

WUSSTEN SIE ...?

- Mit dem Hype um Permakultur und Nichthandeln im Garten ist auch die Flächenkompostierung in Mode gekommen. Dieses Verfahren entspricht in stärkerem Maße dem natürlichen Recyclingprozess von abgestorbenen Pflanzen und spart dem Gärtner viel Zeit. Die Idee ist einfach: Anstatt den Eimer mit kompostierbaren Abfällen auf einen Haufen zu leeren, werden die Grünabfälle direkt zwischen den Beeten und dem Gemüse im Gemüsegarten verstreut. Dadurch dienen sie sowohl als Abdeckung – der berühmte Mulch, der die Feuchtigkeit bewahrt und das Aufkommen unerwünschter Pflanzen bremst – als auch als Nahrung für die kleine Bodenfauna, die für die Gesundheit der Pflanzen sorgt. Natürlich lässt sich über die Ästhetik von im Freien verstreuten Bananen- und Zwiebelschalen oder Lauchkraut streiten, aber das ist im Sommer kein wirkliches Problem. Die Abfälle werden sehr schnell umgewandelt und vom Gemüse verdeckt. Im Winter kann man sie einfach unter der Schicht aus Stroh oder Laub verstecken, die man zum Schutz des Bodens ausgebracht hat.
- Die in Großbritannien propagierte Chop-and-Drop-Technik beruht auf demselben Prinzip, diesmal jedoch mit dem im Garten gejäteten Unkraut. Anstatt das Unkraut zum Komposthaufen zu karren, lässt man es dort liegen, wo es gewachsen ist. Nur sollte es noch keine Samen produziert haben.

GRÜNE HÖLLE

DER AUF-
RÄUMWAHN
IM HERBST

Im Frühling wird das Haus geschrubbt, im Herbst der Garten aufgeräumt. Unser Sauberkeitswahn scheint in unseren Genen verankert zu sein und er zeigt sich zu den Tagundnachtgleichen mit der Regelmäßigkeit eines Metronoms besonders ausgeprägt. Wie sinnvoll ist das jedoch im Garten?

Woher kommt diese Hektik beim Harken, Schneiden, Hacken, Fällen, Zurückschneiden, Mähen, Sensen, Entsorgen, Verbrennen oder Desinfizieren, sobald die ersten Blätter fallen? Ist das der Preis, den man zahlen muss, um danach skrupellos in Lethargie verfallen zu können? Muss man dieses Maximum leisten, um in Frieden mit seinen Nachbarn zu leben? Sicherlich spielt der soziale Druck oft eine Rolle: Im Garten ist es – wie überall sonst auch – bequemer, wenn man konventionell lebt und nicht anarchisch.

Möchte man jedoch zum Überleben von Vögeln, Schmetterlingen und der gesamten Kleintierwelt, die in alarmierender Geschwindigkeit verschwindet, beitragen, muss man lernen loszulassen und darum zerstörerische Handlungen im Garten auf das Nötigste beschränken. Die Natur, die sich auch nach Ruhe sehnt, wird Ihre Unordnung zu schätzen wissen. Viele wirbellose Tiere finden in der Hecke und den verblühten Beeten längs der Wege Unterschlupf. Spinnen haben ihr Gelege auf der Rückseite von Laub abgelegt. Die hohlen Stängel der Stauden beherbergen Eier, Nymphen oder ruhende erwachsene Insekten, und ihre zusammengesunkenen Stiele schützen Wurzeln und Asseln vor der kommenden Kälte. Die getrockneten Blütenstände, übersät von Samen und kleinen Käfern, dienen den Vögeln als Nahrung und bieten Raureifkristallen einen idealen Halt.

Auch im Bio-Gemüsegarten ist Untätigkeit angesagt. Ein einziges Beispiel? *Diaeretiella*, eine kleine parasitische Wespe, die ihre Eier in die Kohlblattläuse legt. Ihre Larve verpuppt sich in der Mumie der Blattlaus und die Wespe als wertvoller Freund des Gärtners schlüpft im kommenden Frühling – natürlich nur, wenn der Kohlstrunk und die alten Blätter nicht systematisch entsorgt wurden.

WUSSTEN SIE ...?

Seit einigen Jahren werden die Wildbienen umsorgt und mit Nistkästen oder luxuriösen Hotels mit Löchern und Bambus bedacht, um die Wohnungsnot vieler Arten zu lindern. Im Garten würde es aber genügen, wenn man ihnen tote Äste, Brombeer- und Himbeerzweige oder vertrocknete Blütenstiele überließe, um sie zufriedenzustellen. Dort legen sie im Sommer nämlich ihre Eier ab und ihre Puppen überwintern bis zum Frühjahr. Es ist also besser bis April zu warten, bevor Sie Ordnung in die Beete bringen. Das Schnitt deponieren Sie am besten in einer Ecke. So können Wildbienen, die sich noch in den Stängeln befinden, in Ruhe schlüpfen.

GRÜNE HÖLLE

Der Boden muss nicht gesäubert werden, sondern braucht einen nahrhaften Mantel, der ihn vor Kälte und Erosion schützt. Stroh, Gründünger oder Laub sind eine ideale Bedeckung. Während des Winters wird dieses organische Material langsam aber sicher von der Mikrofauna des Bodens verdaut und im Frühjahr finden Sie unter den übrig gebliebenen Resten eine krümelige, fruchtbare und luftige Erde, die sich perfekt für Ihre Aussaaten und Jungpflanzungen eignet.

VERWECHS-LUNGEN VERMEIDEN

Wer kann heute noch spontan Anemone und Hahnenfuß, Buche und Eiche, Molch und Salamander, Kleiber und Baumläufer unterscheiden? Welches Kind? Welcher Erwachsene? Die Unwissenheit in Bezug auf die Naturwissenschaften hat sich in den Städten ausgebreitet und auch die ländlichen Gebiete nicht verschont. Wir haben uns unaufhaltsam von der Natur entfernt. Das Phänomen beschleunigte sich in den letzten Jahren mit dem Rückgang der Artenvielfalt und dem Ausbleiben beliebter Arten wie Spatzen und Schwalben sogar noch. In einer Zeit, in der Lehrer nicht mehr einfach so mit ihren Schülern einen Ausflug ins Freie machen können, die Landwirte nicht mehr von ihren Traktoren absteigen und Smartphones alle Blicke auf sich ziehen, ist es unvermeidlich, dass die Neugier auf die Tierwelt um uns herum erheblich nachgelassen hat.

Ist das schlimm? Ja und nein. Nein, weil diese Unwissenheit unsere Lebensprognose auf kurze Sicht nicht beeinflusst. Ja, weil wir auf eine Quelle des Staunens verzichten. Ja, weil Unwissenheit zu Angst und Zerstörung führen kann. „Nur was man kennt, liebt und schützt man", sagen Naturwissenschaftler unermüdlich und zu Recht. Wie sie beschäftige ich mich seit vielen Jahren mit dem Thema und habe im Laufe der Zeit und bei vielen Anlässen die häufigsten Missverständnisse und Verwechslungen in meinem Gedächtnis festgehalten, wenn es um das Erkennen von Pflanzen und Tieren in unserer Nachbarschaft ging. Auf den folgenden Seiten möchte ich sie Ihnen vorstellen. Manchmal liegt der Fehler in einer Vereinfachung der Nomenklatur, wie z. B. beim Raben, in dessen Namen alles, was schwarz ist und krächzt, zusammengefasst wird. Meistens liegt die Ursache jedoch in einer zu schnellen Diagnose oder an einer vorgefassten Meinung. Die Lösung? Einen Moment innehalten. Nehmen Sie sich die Zeit, das Tier zu beobachten, die Pflanze zu bewundern, einen Naturführer zurate zu ziehen und auf die kleinen Details zu achten, die zur Identifizierung beitragen: die Form des Schnabels, die Größe der Ohren, die Farbe der Blüten, der Geruch der Blätter … Dieses unbekannte Universum wird Ihnen bald so vertraut werden, wie es immer hätte sein sollen. Und Sie werden sich nicht mehr irren.

WOZU IST EIN WURM GUT?

Warum zum Teufel müssen wir immer eine Rolle für die Tiere finden, die uns stören? Woher kommt diese Marotte, wilde Arten in zwei Kategorien einteilen zu wollen: in nützliche und schädliche, gute und schlechte? Es spielt keine Rolle, ob das Tier oder die Pflanze unseren Interessen dient oder nicht. Die Mücke, die Made und die Nacktschnecke existieren und sie haben das Recht zu existieren. Damit hat es sich und es ist wunderbar. Bei näherer Betrachtung sind sie wahre Wunderwerke der Evolution, die mit solch unerhört leistungsfähigen Werkzeugen ausgestattet sind, dass selbst unsere besten Ingenieure sie nicht herstellen könnten. Dies gilt für alle Lebewesen. Jede Art hat ihren Platz in der Biosphäre und teilt das gleiche Schicksal: fressen, vermehren und gefressen werden. Das nennt man Leben.

TIERISCHE DOPPEL-GÄNGER

VERWECHSLUNGEN VERMEIDEN

DIE LARVEN VON MAIKÄFER UND ROSENKÄFER

Beim Umsetzen oder beim Verteilen des Komposts im Gemüsebeet entdeckt man oft große, schmutzig weiße, haarige und etwas unappetitliche Larven. „Diese weißen Würmer muss man vernichten!" hört man von so manchem Gärtner, der überzeugt ist, es mit den berühmten Maikäfern zu tun haben. Und diese sind für ihre verheerenden Schäden an den Wurzeln von Pflanzen bekannt. In Wirklichkeit handelt es sich jedoch um die Larven des Rosenkäfers, eines spektakulären Käfers mit metallisch-grünem Glanz, der im Garten völlig harmlos ist.

Die Unterscheidung dieser beiden Käferarten ist ganz einfach: Erstens leben die Larven von Maikäfer und Rosenkäfer nicht am selben Ort. Die Larve des Rosenkäfers ernährt sich von verrottenden Pflanzen und kommt daher in wurmstichigen Baumstümpfen und reifendem Kompost vor. Die Larven des Maikäfers (Engerlinge) hingegen ernähren sich von den lebenden Wurzeln verschiedener Pflanzen und können daher in Rasenflächen und Blumenbeeten Schaden anrichten. Man trifft Engerlinge eher im Boden an, beim Umpflanzen von Stauden oder beim Umgraben einer neuen Anbaufläche.

TIERISCHE DOPPELGÄNGER

Zweitens sieht die Larve des Rosenkäfers im Vergleich zur wesentlich schlankeren und längeren Larve des Maikäfers wie das Michelin-Männchen aus. Sie hat so kurze Beine, dass sie nicht laufen kann. Wenn Sie es genau wissen möchten, legen Sie die Larve auf Ihre flache Hand. Nach einigen Sekunden, in denen sie zusammengekrümmt bleibt, rollt sich die Larve vorsichtig auf den Rücken und versucht, vor dem grellen Licht zu fliehen, indem sie ihre Wülste zusammenzieht und sich dabei auf ihre Haare stützt. Ein Engerling hingegen hat ausreichend lange Beine, um zielgerichtet zu laufen. Aber erwarten Sie auch von ihm keine Höchstleistungen: Er bleibt sehr ungeschickt und krabbelt kaum.

VERWECHSLUNGEN VERMEIDEN

MAIKÄFER
(MELOLONTHA MELOLONTHA)

LARVE

ADULTER KÄFER

GROSSER KOPF, KURZER HINTERLEIB. LANGE BEINE, KANN LAUFEN. ERNÄHRT SICH VON FRISCHEN WURZELN.

SCHOKOLADENBRAUNE DECKFLÜGEL UND SPITZER HINTERLEIB. FLIEGT BEI ABENDDÄMMERUNG UM DIE BÄUME.

GOLDGLÄNZENDER ROSENKÄFER
(CETONIA AURATA)

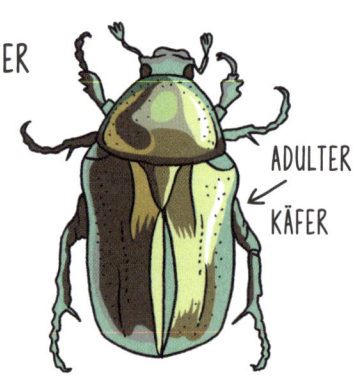

ADULTER KÄFER

LARVE

KLEINER KOPF, RIESIGER HINTERLEIB. SEHR KURZE BEINE, LÄUFT NICHT, RINGELT SICH AUF DEM RÜCKEN MITHILFE DER HAARE VORWÄRTS. ERNÄHRT SICH VON VERROTTETEN PFLANZEN.

PANZER METALLISCH-GRÜN GLÄNZEND. KNABBERT GERNE AN WILDROSEN UND HOLUNDERBLÜTEN.

AUF DEN PUNKT GEBRACHT

- Im Flachland richten Engerlinge und erwachsene Maikäfer keine großen Schäden an und haben daher ihren Ruf als Plage seit mindestens 30 Jahren nicht mehr verdient. Die Engerlinge brauchen drei bis vier Jahre, um sich zu entwickeln, und benötigen dafür Böden, die in dieser Zeit nicht umgepflügt werden, was mit der Verbreitung von künstlichen Wiesen und Fruchtfolge äußerst selten geworden ist …
- Im biologischen Sinne sind die Larven von Mai- und Rosenkäfer keine „weißen Würmer". Sie haben einen Kopf, der sich deutlich vom Rest des Körpers abhebt, und die für Insekten charakteristischen sechs Beine, während echte Würmer nichts davon haben (siehe S. 92).
- Wenn Sie in Ihrem Blumenkasten Larven des Rosenkäfers finden, wurden sie vielleicht mit der Blumenerde eingeschleppt, deren wenig zersetzte Bestandteile sie fressen. Siedeln Sie die Larven besser um, denn sie könnten ihren Speiseplan ändern und sich an den Wurzeln der Pflanzen zu schaffen machen, sobald sie nichts anderes mehr zu fressen finden.

JUNIKÄFER

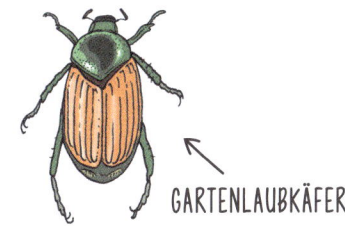
GARTENLAUBKÄFER

KLEINE, ABER STARKE VERWANDTE

- Der **Junikäfer** (*Amphimallon solstitiale*) kommt heute viel häufiger vor als der Gemeine Maikäfer. Er ist deutlich kleiner als sein Cousin, erscheint zur Sommersonnenwende und fliegt in Myriaden um die Bäume, um sich zu vermehren. Dieser Käfer richtet nur geringen Schaden an den Blättern von Obstbäumen an, da seine Flugzeit sehr kurz ist und er im Erwachsenenstadium nur wenig Nahrung zu sich nimmt. Seine Larven können sich ebenso wie die Maikäfer-Larven an frischen Wurzeln zu schaffen machen.
- Der **Gartenlaubkäfer** (*Phyllopertha horticola*) mit seinem metallisch grünen Thorax hat eine Vorliebe für Rosen. Er pflügt durch Blütenblätter und Pollen, um sich am Duft zu berauschen.

VERWECHSLUNGEN VERMEIDEN

SCHWEBFLIEGEN UND WESPEN

Wenn Sie Ihre Freunde bei einer Partie Scrabble oder beim nächsten Aperitif auf der Terrasse beeindrucken wollen, merken Sie sich dieses Wort: „Schwebfliege". Es bezeichnet eines der häufigsten Fluginsekten im Garten. Aus irgendeinem Grund ist dieser Name nicht in den allgemeinen Wortschatz eingegangen wie „Wanze", „Marienkäfer", „Kellerassel" oder „Ohrenkneifer". Dabei verdient es dieses Tier, bekannt und anerkannt zu werden.

Suchen Sie die Schwebfliege in den Blüten: Das ist ihr Lieblingsplatz. Sie hat eine Vorliebe für Mohnblumen, Malven, Wilde Möhren und alle breiten, einladenden und nektarreichen Blüten, an denen sie sich begeistert gütlich tut. Als Scherzkeks kommen Schwebfliegen optisch wie eine Wespe, Biene oder Hummel daher (Mimikry) und viele Arten tragen einen Nadelstreifenanzug.

TIERISCHE DOPPELGÄNGER

Ihr kolibriartiger Schwebeflug, der von nervösen Zickzack-Bewegungen unterbrochen wird, entlarvt sie aber schnell. In den Augen eines Vogels ist der abschreckende Look wahrscheinlich wirksam, denn kein zarter Gaumen reibt sich gerne am Stachel der ungeliebten Hautflügler. Die Schwebfliege ist jedoch die Unschuld in Person. Sie würde nicht einmal einer Fliege etwas zuleide tun. Zu dieser Ordnung gehört sie übrigens auch, da sie nur zwei Flügel besitzt, also nur halb so viele wie Bienen und Wespen. Und wenn wir schon bei den Zahlen sind: In Deutschland gibt es mehr als 450 verschiedene Arten. Wenn Ihr Garten blütenreich und frei von Pestiziden ist, beherbergt er wahrscheinlich eine sehr vielfältige, bunt gestreifte Sammlung, die von anmutigen Balletttänzerinnen bis zu muskulösen Kleiderschränken reicht.

VERWECHSLUNGEN VERMEIDEN

GEMEINE WESPE
(VESPULA GERMANICA)
GRÖSSE: 13 BIS 17 MM
GELBE UND SCHWARZE STREIFEN.
VIER FLÜGEL (ORDNUNG: HYMENOPTERA).
STICHT UND LEBT IN KOLONIEN.

HAINSCHWEBFLIEGE
(EPISYRPHUS BALTEATUS)
GRÖSSE: 8 BIS 12 MM.
GELBE UND SCHWARZE STREIFEN.
ZWEI FLÜGEL UND ZWEI SCHWINGKÖLBCHEN
ZUR STABILISIERUNG (ORDNUNG: DIPTERA).
SCHWIRRFLUG AUF DER STELLE,
MIT ZWISCHENSPRINTS.
STICHT NICHT UND LEBT SOLITÄR.

Als ausgewachsene Schwebfliegen trinken sie nur Nektar, das göttliche Getränk schlechthin, aber im Jugendstadium sieht ihr Speiseplan ganz anders aus. Je nach Art und Lebensraum sind die Larven räuberisch, pflanzenfressend, kotfressend (koprophag) oder müllfressend (detritiv). Im Garten ernähren sich die meisten von Blattläusen, Schildläusen oder Bläulingen, die sich um den Stängel herum angesammelt haben, an dem Frau Schwebfliege ihre Eier abgelegt hat. Im Ruhezustand sehen die Larven wie kleine verschrumpelte Säcke ohne Kopf und Beine aus, kriechen aber zur Fütterungszeit wie Nacktschnecken.

TIERISCHE DOPPELGÄNGER

VERBÜNDETE, DIE GOLD WERT SIND!

Wie bei Marienkäfern und Florfliegen ist auch die Anwesenheit von Schwebfliegen in Beeten und im Gemüsegarten ein Segen fürs Gemüse. Als erwachsene Insekten sind sie hervorragende Bestäuber der Kulturen, während die Larven eine große Hilfe bei der Bekämpfung von Gemüse- und Obstbaumschädlingen sind. Während der acht- bis vierzehntägigen Entwicklungszeit vertilgt ein Individuum jeweils mehrere hundert Blattläuse. So fördern Sie die Nützlinge im Garten:

• Lassen Sie vom Frühjahr bis zum Herbst Wildblumen wachsen und säen Sie Blühstreifen am Rand oder mitten im Gemüsegarten.
• Verbannen Sie ein für allemal jegliche chemisch-synthetischen Produkte (Insektizide, Herbizide usw.).
• Lassen Sie Totholz- und Steinhaufen, alte Baumstümpfe, Efeu an den Bäumen usw. stehen, wo Schwebfliegen und Marienkäfer im Winter Unterschlupf finden können.

VERWECHSLUNGEN VERMEIDEN

WÜRMER UND LARVEN

„Der Wurm ist im Apfel." „Die Pflaumen sind alle wurmstichig."
„Es gibt weiße Würmer im Rasen." Im populären Sprachgebrauch
ist der Wurm ein kleines, fleischiges Wesen ohne Schwanz und Kopf,
das sich beim Betrachten windet und sich oft an Orten einnistet,
an denen man es lieber nicht hätte.

Um die Identität des Wurms zu vervollständigen, werden manchmal sein Lebensraum (Kirschwurm), seine Farbe (weißer Wurm) oder seine Biegsamkeit (Eisenwurm) angegeben, aber seine Herkunft und seine Verwandtschaft sind weniger wichtig. Aus wissenschaftlicher Sicht ist jedoch nicht jeder ein Wurm: Man muss schon ein Ringelwurm wie der Regenwurm oder der Mistwurm, ein Fadenwurm oder ein Plattwurm wie der Bandwurm oder die Planaria (siehe Seite 34) sein, um sich diese Abkürzung zu verdienen. Gemeinsam ist ihnen, dass sie einen weichen, geschmeidigen und länglichen Körper haben, dem Kopf, Gliedmaßen und harte Teile fehlen. Und vor allem: Sie behalten ihr ganzes Leben lang dieselbe Gestalt, bis auf wenige Millimeter oder Zentimeter!

TIERISCHE DOPPELGÄNGER

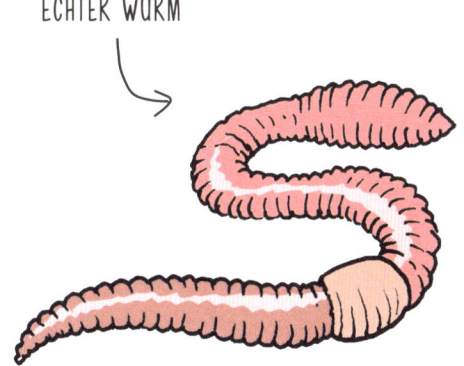

ECHTER WURM

REGENWURM
(LUMBRICUS TERRESTRIS)
WEDER KOPF NOCH BEINE.
KÖRPER WEICH UND LÄNGLICH.
SIEHT SEIN GANZES LEBEN LANG
GLEICH AUS.

Die meisten „Würmer" in der Alltagssprache sind jedoch Insektenlarven, die sich nach einem kurzen Aufenthalt in einem geschlossenen Verpuppungsraum zu Schmetterlingen, Käfern oder Fliegen entwickeln.

Suchen Sie mal in einem Apfel nach einem „Wurm" und schauen Sie ihn sich genau an: Sie werden feststellen, dass dieses rosafarbene Würmchen tatsächlich einen Kopf hat und auf seinen Beinen wackelnd zu fliehen versucht. Die Larve des Apfel- und Birnenwicklers (*Cydia pomonella*), so sein Name, ist eigentlich eine Raupe, die wie alle Raupen zum Schmetterling wird. Nicht etwa ein hübscher, farbenfroher Schmetterling, der auf Blüten herumflattert, sondern ein eher farbloser Nachtfalter, der abgesehen von seiner ärgerlichen Angewohnheit, unsere Ernte zu verderben, auch seinen Platz im Ökosystem des Bio-Obstgartens hat: Fledermäuse – um nur einige zu nennen – werden sich begeistert an ihm laben!

Der Pflaumenwickler (*Cydia funebrana*) gehört auch zur Familie der Wickler, zieht aber die Süße von Zwetschgen und Mirabellen der Säure von Äpfeln und Birnen vor.

Die Made in der Kirsche (*Rhagoletis cerasi*) wird zu einer liliputanischen Fliege mit durchscheinenden, schwarz marmorierten Flügeln. Die große, metallisch-blaue Fliege (Schmeißfliege) ist mit ihr verwandt, aber diese unappetitliche Zweiflüglerin fährt eher auf tierisches Fleisch ab als auf süßes Fruchtfleisch.

VERWECHSLUNGEN VERMEIDEN

FALSCHE WÜRMER

KIRSCHENMADE
(RHAGOLETIS CERASI)

DIPTERA:
KIRSCHFRUCHT-
FLIEGE (FLIEGE)

RAUPE DES APFELWICKLERS
(CYDIA POMONELLA)

LEPIDOPTERA:
APFELWICKLER
(SCHMETTERLING)

LARVE DES SAATSCHNELLKÄFERS
(AGRIOTES LINEATUS)

COLEOPTERA:
SAATSCHNELLKÄFER
(KÄFER)

TIERISCHE DOPPELGÄNGER

Die „Würmer", die sich im Boden und im Kompost entwickeln, gehören zu einem anderen Register: dem der Käfer. Wie wir bereits gesehen haben (siehe S. 84), entwickeln sich aus den berühmten Engerlingen im Rasen und in den Beeten die großen Maikäfer, die früher die Bauernchroniken beherrschten, während die Larven des Rosenkäfers die Wärme und den Geschmack von bereits gut verrottetem Kompost bevorzugen. Der etwas schlankere „Eisenwurm" ist für seine Vorliebe für Salatwurzeln, Kartoffelknollen, Rüben und Karotten bekannt. Als Larve ist er berühmt, aber wer erkennt ihn als Erwachsenen – den graubraunen Käfer, der sich beim Umdrehen tot stellt und dann bei Berührung in die Luft springt?

GLÜHWÜRMCHEN SIND KEINE WÜRMER

Eine Ausnahme jenseits aller lexikalischen Regeln: Das Glühwürmchen ist weder ein Wurm noch eine Larve! Ganz im Gegenteil – es ist ein erwachsenes Insekt, ein großer und echter Käfer. Das Weibchen des Glühwürmchens ist zwar flügellos und zu plump, um sich weit fortzubewegen. Zum Anlocken eines Männchens wendet es daher einen raffinierten Trick an: Es entzündet ein Licht am Ende des Hinterleibs, das in der Nacht glitzert und ihm seine Position anzeigt. Daher auch der Name Glühwürmchen. Ehrlich gesagt, man hätte einen hübscheren Namen finden können.

VERWECHSLUNGEN VERMEIDEN

NATTERN ODER OTTERN

Wenn Sie ophiophob sind oder, anders ausgedrückt, eine Schlangenphobie haben, kann ich durchaus verstehen, dass Ihre oberste Priorität beim Anblick eines langen, glatten und sich bewegenden Körpers darin besteht, wegzulaufen oder dieses Kapitel definitiv zu überspringen. Wenn Ihre vernünftige und legitime Reaktion jedoch darin besteht, etwas verkrampft ein paar Schritte rückwärts zu gehen, sollte die Lektüre dieser wenigen Absätze für Sie interessant sein ...

Das Tier ist geflohen? Warten Sie einige Minuten, ohne sich zu bewegen. Es wird an derselben Stelle oder in geringer Entfernung wieder auftauchen. Handelt es sich um eine Natter oder eine Otter (auch Viper genannt)? Um das herauszufinden, sollte man den Kopf suchen und dem Tier nach Möglichkeit in die Augen schauen. Wenn die Pupille einen senkrechten Schlitz hat, wie bei einer Katze, dann ist es zweifellos eine Viper. Wenn sie dagegen ganz rund ist, handelt es sich um eine Natter. Wenn Sie das Auge als unfehlbares Kriterium nicht gut sehen können, schauen Sie sich den Scheitel an. Die Natter hat große Schuppen, die ihr ein gepanzertes Aussehen verleihen, während die Viper eine Vielzahl kleiner Dachziegel auf dem Kopf trägt. Die Kopfform, die bei der Viper eher flach und dreieckig und bei der Natter rundlich ist, trifft als untrügliches Unterscheidungsmerkmal nur bei jungen Tieren zu, da Nattern mit zunehmendem Alter dazu neigen, kantiger zu werden.

TIERISCHE DOPPELGÄNGER

RINGELNATTER
(NATRIX NATRIX)
GRÖSSE:
MÄNNLICHEN 70 BIS 90 CM,
WEIBCHEN BIS ZU 140 CM.
RUNDE PUPILLE.
BREITE SCHUPPEN AUF DEM KOPF.

KREUZOTTER
(VIPERA BERUS)
GRÖSSE: 50 BIS 70 CM.
GESCHLITZTE PUPILLE.
DURCHGEHENDES ZICKZACK-
BAND AUF DEM RÜCKEN.

Was den Rest des Körpers betrifft, so kann man sagen, dass Vipern kräftiger und weniger lang sind als Nattern. Sie werden selten länger als 80 cm, während manche Nattern bis zu 2 m lang werden können. Das Zickzackmuster, das man Vipern gemeinhin zuschreibt, verschwindet bei manchen Individuen ganz und gar.

VERWECHSLUNGEN VERMEIDEN

Was den Lebensraum angeht, ist die bei weitem am häufigsten vorkommende Ringelnatter wasserliebend, aber sie lebt nicht im Wasser. Sie wird also wahrscheinlich mal im Gartenteich vorbeischauen, sofern dort viele Amphibien leben, die bevorzugt auf ihrem Speiseplan stehen, und sofern es rundherum genügend Pflanzen und Versteckmöglichkeiten gibt. Vielleicht legt sie ihre Eier sogar in einem alten Kompost-, Mist- oder Laubhaufen ab, ein ideales, warmes Versteck für gut zwei Dutzend Eier. Da die Natter sehr scheu ist, flüchtet sie bei Annäherung, und man muss sich auf leisen Sohlen anschleichen, um sie zu beobachten. Versuchen Sie nicht, sie zu einfangen. Sie hat zwar kein Gift, wird aber versuchen, Sie zu beeindrucken, indem sie sich aufbläht, zischt und Bissattacken simuliert. Schlimmer noch: Wenn Sie die Schlange zu fassen bekommen, gibt sie eine übel stinkende Flüssigkeit aus der Kloake ab – ein überzeugendes Argument, sie kein zweites Mal fangen zu wollen!

AUF DEN PUNKT GEBRACHT

Vipernangriffe sind selten und meist auf mangelnde Vorsicht zurückzuführen. Man läuft in Sandalen durch einen von Büschen bestandenen Hang oder legt die Hand auf eine Viper, während man sich zum Picknick hinsetzt. Bei einem Biss ist es wichtig, Ruhe zu bewahren. Und auf keinen Fall sollte man die Wunde abbinden, das Gift aussaugen, zusammendrücken oder einschneiden! Diese abgedroschenen Empfehlungen würden dem betroffenen Körperteil mehr schaden als nützen. Das Einzige, was Sie sofort tun können, ist, die Wunde zu desinfizieren und die Uhr oder das Armband vom gebissenen Arm zu entfernen. Wenn Sie nicht allergisch sind, dauert es mehrere Stunden, bis das Gift seine Wirkung entfaltet, sodass Sie genügend Zeit haben, ein Krankenhaus aufzusuchen oder einen Arzt zu finden. Nur ein befugter Mediziner kann Ihnen bei Bedarf ein Serum gegen das Gift verabreichen.

TIERISCHE DOPPELGÄNGER

Im Gegensatz zur Ringelnatter mag es die Kreuzotter kühler und trockener: Lichte Wälder, Heideflächen und Moorränder mit ungestörten Sonnenplätzen wie Steinhaufen, Böschungen und Totholz, gerne in der Nähe von Zwergsträuchern wie Heidelbeere oder Erika, sind perfekt für die tagaktive Schlange. Ihr Biss ist giftig, aber nicht lebensgefährlich. Sie ernährt sich von Eidechsen und kleinen Nagetieren und beißt Menschen nur, wenn sie sich in die Enge getrieben fühlt.

DIE BLINDSCHLEICHE, EINE EIDECHSE OHNE BEINE

Nattern und Vipern im eigenen Garten zu entdecken, ist relativ selten und meist nicht erwünscht. Im Gegensatz dazu genießt ein sehr unauffälliges Reptil, das wie eine Schlange aussieht, aber wie eine Eidechse lebt, in der Gärtnergemeinschaft einen besseren Ruf – die Blindschleiche. Und das aus gutem Grund! Sie ist absolut harmlos und liebt Schnecken. Wenn Ihr Garten ein wenig verwildert ist, lebt dort wahrscheinlich die Blindschleiche. Sie finden sie in der Nähe des Komposts, wo sie die feuchte Wärme liebt, oder unter einem Blech, das Sie eigens für sie ausgelegt haben. Die Blindschleiche fühlt sich glatt und weich an, bleibt aber nicht ruhig in Ihrer Hand liegen. Sie wird sich kräftig wehren, wirkt aber viel steifer als eine Schlange. Wenn sie sich sehr bedroht fühlt, überlässt sie ihren Schwanz dem Raubtier. Leider rettet sie das kaum vor den Katzen und den elektrischen Rasenmähern, die sich in unseren Gärten finden.

VERWECHSLUNGEN VERMEIDEN

MOLCHE UND SALAMANDER

Die Natur ist so außergewöhnlich, dass sie auf alles, was Sie ihr im Garten anbieten, blitzschnell reagiert. Ein Teich ist eines der besten Beispiele dafür. Es genügt, ein kleines Wasserloch zu graben und etwas anzulegen, und schon finden sich Frösche und Libellen von irgendwoher ein.

Auch andere Wasserbewohner, die weniger auffällig oder bekannt sind, erobern sich das Gelände schnell. Rückenschwimmer und Wasserläufer natürlich, die sich als Wanzen an Mücken und deren Larven laben (siehe S. 14). Unter den größeren Tieren wird man wahrscheinlich auch Molche an Land gehen sehen. Obwohl kaum Ähnlichkeit besteht, werden diese kleinen, reptilienartigen Amphibien oft mit Salamandern, ihren entfernten Verwandten, verwechselt. Der Feuersalamander hat einen tintenschwarzen Anzug mit leuchtend gelben Flecken oder Streifen, während die kleineren Molche je nach Art einen graublauen oder braunen Rücken und einen orangefarbenen Bauch haben.

TIERISCHE DOPPELGÄNGER

LARVE DES MOLCHS

BERGMOLCH (MÄNNLICH)
GRÖSSE: 6 BIS 9 CM (MÄNNCHEN), 11 CM (WEIBCHEN)
MÄNNCHEN MIT BLAUEM RÜCKEN, GRAU MARMORIERT UND TEILS GEPUNKTET, BAUCHSEITE LEUCHTEND ORANGE. WEIBCHEN MIT BRÄUNLICHEM RÜCKEN, BAUCH LEUCHTEND ORANGE.

LARVE DES SALAMANDERS

FEUERSALAMANDER
GRÖSSE: 14 BIS 17 CM.
MÄNNCHEN UND WEIBCHEN IDENTISCH.
GLÄNZEND SCHWARZER RÜCKEN MIT LEUCHTEND GELBEN FLECKEN, BAUCH SCHWARZ.
GIFTDRÜSEN HINTER DEN AUGEN DEUTLICH SICHTBAR.

VERWECHSLUNGEN VERMEIDEN

Auch ihr Lebensraum ist sehr unterschiedlich: Molche suchen stehende Gewässer auf, während Salamander unbedingt sauberes, kühles und sauerstoffreiches Fließwasser benötigen. Ihr bevorzugter Lebensraum sind daher eher feuchte Laubwälder, wo sie sich in der Nähe von Bächen ansiedeln. Im Gegensatz zum Molch ist der Feuersalamander im Erwachsenenalter ein reiner Landbewohner. Er paart sich an Land, die Larven schlüpfen in seinem Bauch (er ist lebendgebärend) und er lässt sie dann in einem ruhigen kleinen Bach frei.

Sie dürften nun bereits bemerkt haben, dass es unwahrscheinlich ist, einem Salamander in Ihrem Gartenteich zu begegnen, es sei denn, der Teich wird von einem kleinen Wasserlauf gespeist oder es gibt eine Quelle oder einen Bach in der Nähe. Molche hingegen sind wesentlich wahrscheinlicher, zumal sechs Arten mit unterschiedlicher Häufigkeit in unseren Breiten vorkommen.

TIERISCHE DOPPELGÄNGER

AUF DEN PUNKT GEBRACHT

- Ab Februar verlassen Molche ihren Winterunterschlupf (Baumstümpfe, Trockenmauern …) bei Regen, um sich zu einem Gewässer zu begeben. Die Wasserbalz ist sehenswert: Das Männchen schwingt seinen Schwanz in Wellenbewegungen neben dem Weibchen und sendet betörende Düfte aus. Jedes gelegte Ei wird einzeln in das Blatt einer Wasserpflanze eingewickelt.
- Die Larven von Salamander und Molch können leicht verwechselt werden. Wenn der Kopf sehr breit ist und am Ansatz der Beine ein kleiner heller Fleck zu sehen ist, haben Sie es mit einem Salamander zu tun.
- Im deutschsprachigen Raum kommen zwei echte Salamander vor: der Alpensalamander und der Feuersalamander. Der fleckenlose, schwarze Alpensalamander lebt in den Alpen in der Nähe von Bächen. Im Sommer kann man ihn leicht in den frühen Morgenstunden nach einem Gewitterregen auf den Bergpfaden antreffen. In Frankreichs Süden legen auch noch der Korsika-Salamander und Lanzas Alpensalamander.
- Molche sind sehr gefräßig und verschlingen gerne Laich und Larven von Fröschen, die mit ihnen im selben Teich leben. Zum Glück schaffen es immer wieder ein paar Kaulquappen, ihnen zu entkommen.

VERWECHSLUNGEN VERMEIDEN

AMSELN UND STARE

Als mein Partner noch klein war, erzählten ihm seine Eltern regelmäßig von der Amsel, die jedes Jahr im Loch des Apfelbaums nistete. Als er älter wurde, interessierte er sich mehr für Vögel und las irgendwo, dass der schwarze Vogel nie in einer Höhle brütete, sondern sich lieber ein Nest im Efeu oder in der Astgabel eines gut belaubten Astes baute. Wer hatte sich nur in dem durchlöcherten Baumstamm niedergelassen?

Auf der Liste der in unseren Parks und Gärten heimischen Vögel kommt lediglich eine begrenzte Auswahl in Frage. Eigentlich kann nur der Star eine gewisse Ähnlichkeit mit der Amsel für sich beanspruchen. Auch er hat einen gelben Schnabel und dunkles Gefieder, auch er ist größer als ein Buchfink, aber kleiner als eine Dohle. Erschwerend kommt hinzu, dass der Betrüger ein hervorragender Imitator ist. Das Pfeifen der Amsel gehört ebenso zu seinem Repertoire wie der Gesang des Pirols, der Schrei des Bussards, das Surren des Rasenmähers und das Klingeln des Handys.

Wenn er jedoch den Schatten des Laubs verlässt und sich oben im Wipfel eines großen Baumes niederlässt, gibt es keine Zweifel mehr. Im Scheinwerferlicht der Sonne verwandelt sich die Kleidung des Stars in einen Anzug aus Pailletten mit purpurmetallischen Glanzreflexen, der eines Sängers aus den Disco-Jahren würdig ist. Auch seine Körperhaltung ist charakteristisch:

TIERISCHE DOPPELGÄNGER

Er streckt den Schnabel in den Himmel, stellt die Kehlfedern auf, lässt die Flügel nach hinten hängen und gibt sein Bestes. Im Garten lässt sich der Star gerne in einem Nistkasten seiner Größe oder in der Höhle eines alten Baumes nieder, von wo er bei Bedarf die Meise oder den Kleiber als bisherigen Mieter vertreibt. Im Gegensatz zur Amsel ist der Star ein geselliger Typ. Sobald die Jungen das Nest verlassen haben, bilden die Vögel kleine Trupps, die den ganzen Herbst über umherziehen, je nachdem, welche Früchte in den wilden Hecken, Weinbergen und Obstgärten reif sind. Im Winter kann ihre Zahl in Südeuropa auf mehrere hundert Individuen anwachsen, die nachts in hohen Bäumen, Schilfgürteln oder städtischen Schlafplätzen Zuflucht suchen und dabei die Nachbarschaft aufscheuchen. Tagsüber bietet ihr dekorativ anmutender Formationsflug ein Schauspiel von fesselnder Schönheit, obwohl er keine künstlerische Absicht hat: Er dient in erster Linie dazu, den Angriff von Raubvögeln zu vereiteln, die von so viel frischem Fleisch angelockt werden.

VERWECHSLUNGEN VERMEIDEN

AMSEL
(TURDUS MERULA)
MÄNNCHEN: SCHWARZES GEFIEDER,
SCHNABEL UND AUGENRING GELB.
WEIBCHEN: DUNKELBRAUNES GEFIEDER
MIT HELLER KEHLE UND STREIFEN.
HOPSEN EHER, ALS DASS SIE GEHEN.
NISTEN AUF ÄSTEN.

STAR
(STURNUS VULGARIS)
METALLISCH GLÄNZENDES, BLAUES
GEFIEDER MIT WEISSEN PUNKTEN,
MÄNNCHEN UND WEIBCHEN IDENTISCH.
GELBER SCHNABEL.
GEHEN EHER, ALS DASS SIE HOPSEN.
NISTEN IN HÖHLEN.

Die Amsel ist von Kopf bis Fuß schwarz, nur der Schnabel und die Augenpartie sind gelb gefärbt. Das gilt zumindest für das Männchen. Das Weibchen ist unauffälliger und in mehreren Brauntönen gekleidet. Im Winter, unter den Apfelbäumen, ist es am wahrscheinlichsten, Amseln und Stare in unmittelbarer Nähe beieinander zu sehen. Da die Amsel sehr streitsüchtig gegenüber anderen Vögeln ist, räumt sie oft in ihrer Umgebung auf. Wenn aber ein ganzer Trupp Stare herbeigeeilt kommt, um sich einen Anteil an der Beute zu sichern, gibt sie sich nicht mehr so garstig.

TIERISCHE DOPPELGÄNGER

MAULWURF UND WÜHLMAUS

„Fast blindes Säugetier mit breiten, kräftigen Vorderbeinen, mit denen er Gänge in den Boden gräbt, in denen er Insekten und Würmer jagt. Länge: 15 cm; Ordnung der Insektenfresser" (aus Petit Larousse). Hier erkennt jeder unseren Maulwurf mit dem schwarzen Fell und der spitzen Schnauze, dessen unterirdische Aktivitäten viele Gärtner ärgern, wenn der Rasen betroffen ist.

In der Schweiz und vor allem in Ostfrankreich sorgt der Maulwurf jedoch für eine gewisse Verwirrung, da er nicht nur seine Gänge, sondern auch den volkstümlichen Namen mit einem anderen Buddler teilt: der Großen Wühlmaus oder auch Schermaus, die regional auch „grauer Maulwurf" oder wörtlich übersetzt „Maulwurfsratte" genannt wird und sich gerne an Wurzeln vergreift, was zu Schäden in Wiesen, Obst- und Gemüsegärten führt.

VERWECHSLUNGEN VERMEIDEN

Im Tageslicht, das beide Minierer wie die Pest meiden, verbindet sie nicht besonders viel miteinander. Die Wühlmaus sieht aus wie ein rundliches Nagetier, das den Appetit von Katzen und Füchsen anregt. Ihre Schnauze ist abgerundet, ihre Pfoten sind keine Grabschaufeln und ihr braunes Fell ist nicht samtweich. Im Garten kann man die Anwesenheit beider Tiere an den Hügeln erkennen, die sie hier und da an die Oberfläche schieben. Diese Erdhügel sind die Aushub-Halden, die ein ausgedehntes Netz von Gängen im Untergrund verraten.

TIERISCHE DOPPELGÄNGER

MAULWURF (TALPA EUROPEA)
GRÖSSE: 10 BIS 15 CM LANG, ETWA 150 G.
LANGE SPITZE SCHNAUZE, SAMTIGER,
SCHWARZER PELZ. PFOTEN SCHAUFELFÖRMIG.

Wenn Sie in einer Gegend leben, in der die Schermaus heimisch ist, wenn Ihr Lauch auf mysteriöse Weise im Boden versinkt und Ihre Karotten kläglich schrumpfen, wenn Ihr Garten von Grasfläche umgeben ist und dort die Hügel massenweise auftreten, Sie sich den Fuß verrenken, wenn Sie in abgesackte Gänge treten, dann haben Sie das große Pech, dass sich eine oder mehrere Wühlmausfamilien bei Ihnen angesiedelt haben. Wenn aber die Haufen fast wie perfekte Kegel im Gemüsegarten aufragen und sonst kein Schaden am Gemüse zu beklagen ist, dann haben Sie es mit dem echten Maulwurf zu tun. Er lebt als Einzelgänger und ist ein echter Fleischfresser, der sich vor allem von Regenwürmern, Weichtieren, Insekten und Spinnen ernährt, die er in seinen Gängen findet.

VERWECHSLUNGEN VERMEIDEN

GROSSE WÜHLMAUS ODER SCHERMAUS
(ARVICOLA TERRESTRIS)
GRÖSSE: 12 BIS 20 CM.
RUNDER KOPF, KRÄFTIGER,
GEDRUNGENER KÖRPER, GRAUBRAUNES
FELL, KURZER SCHWANZ.

Um sich Gewissheit zu verschaffen, ist eine genaue Untersuchung eines Hügels erforderlich. Suchen Sie nach dem zentralen Schacht, durch den das Tier den Aushub aus seinen Tunneln abtransportiert. Der Maulwurf schiebt die Erde mit seinen großen Händen durch einen senkrechten Kanal an die Oberfläche, während die Wühlmaus sie durch einen schräg verlaufenden Gang entsorgt. Wenn Sie die Öffnung im Freien lassen, wird die Wühlmaus sie innerhalb von zwei bis sechs Stunden verstopfen, da sie Zugluft verabscheut. Der Maulwurf hingegen wird viel langsamer reagieren. Wie auch immer das Urteil ausfällt, lassen Sie sich am besten vom Ausmaß des Schadens, der auf Ihrem Rasen oder in Ihrem Gemüsegarten angerichtet wurde, leiten – friedliches Zusammenleben oder sofortige Vertreibung.

TIERISCHE DOPPELGÄNGER

AUF DEN PUNKT GEBRACHT

• Als echter Tiefbau-Minierer lebt und jagt der Maulwurf gerne in tiefen Gängen, in denen der Sauerstoff knapp ist. Sein Hämoglobingehalt macht 8 % seines Körpergewichts aus, verglichen mit 4 % bei der Wühlmaus, die sich lieber knapp unter der Oberfläche aufhält.
• Das Alter eines Maulwurfs lässt sich an der Abnutzung seiner Zähne ablesen, denn beim Verspeisen seiner Beute, kaut er gleichzeitig auf Erde, die mit kleinen Steinen und Sandkörnern durchsetzt ist, deren abrasive Wirkung sein Gebiss zerstört. Einige Maulwürfe haben das Problem erkannt und quetschen den Regenwurm vor dem Verzehr sorgfältig zwischen den Pfoten, um ihn zu reinigen und seinen Verdauungstrakt zu entleeren.

• Die Haare des Maulwurfs sind kurz und stehen senkrecht ab, sodass er sich in seinen Gängen ungehindert vor- und zurückbewegen kann.
• Wühlmäuse vermehren sich zyklisch etwa alle drei bis vier Jahre sehr stark. Ihre Population verringert sich, wenn das Nahrungsangebot knapp wird und ihre Fressfeinde, allen voran Füchse und Hermeline, die Reihen wieder auslichten.
• In der Schweiz wurden früher Kinder dazu ermutigt, Maulwürfe zu jagen. Die Behörden zahlten für jedes erlegte Tier eine Belohnung. Für einen Echten Maulwurf wurde mehr bezahlt als für einen grauen Maulwurf, obwohl der Echte Maulwurf weniger Schaden anrichtete.

VERWECHSLUNGEN VERMEIDEN

HAUSMAUS, WALDMAUS UND CO.

Wenn im Herbst die Einmachgläser im Keller stehen, die Äpfel duften und die Kartoffeln in ihren Kisten schlummern, schleichen sich oftmals winzige Einbrecher durch eine angelehnte Tür unbemerkt ins Haus.

Sie sind zu gierig und nehmen ihre Beute nicht weit mit, sondern verzehren sie lieber an Ort und Stelle. Als Feinschmecker probieren sie von allem ein bisschen und lassen die Reste liegen. Das Ergebnis sind Dutzende von Äpfeln, die durch ein paar Bissen verdorben wurden, Gemüse, das zu faulen beginnt, Regale voller kleiner Kötelhaufen und ein Nervenzusammenbruch des Gärtners, der seine Vorräte verwüstet vorfindet.

Wer ist der Schuldige? Der Verdacht fällt schnell auf die graue Maus (Hausmaus). Wir kennen sie gut, diese freche Maus. Sie lebt seit Ewigkeiten im Hühnerstall, vermehrt sich dort übermäßig und hat schon immer ein großes Vergnügen daran, mit den Menschen gegen deren Willen zusammenzuleben. Ihr Name ist so tief im kollektiven Unterbewusstsein verankert, dass wir geneigt sind, alle kleinen, für uns irgendwie problematischen Nagetiere als „Mäuse" zu bezeichnen.

TIERISCHE DOPPELGÄNGER

Doch es gibt auch andere Kleinsäuger, die sich gerne an den gedeckten Tisch setzen. Allen voran die Waldmaus. Wie ihr Name schon sagt, liebt sie Bäume und lebt, anders als die Hausmaus, gerne weit weg von unseren Häusern in Wäldchen, Hecken und an Waldrändern. Im Garten liebt sie alte Holzstapel und hortet in Verstecken haufenweise Pflaumenkerne und Samen, die sie in der Nähe für den Winter gesammelt hat. Von dort aus ist es nur ein kleiner Schritt bis zum Schutz vor der Kälte im Haus, den die Waldmaus mit wenigen Sprüngen überwindet. Es ist nicht schwierig, sie zu erkennen: Sie hat große Ohren, einen zweifarbigen Schwanz und einen hellen Bauch, der einen starken Kontrast zu ihrem rötlichbraunen Rücken bildet.

AUF DEN PUNKT GEBRACHT

- Bei Schäden im Gemüsegarten werden oft Waldmäuse dafür verantwortlich gemacht. Dabei sind sie in der Regel gar nicht schuld. Vielmehr sind es die Wühlmäuse mit ihrem runden Kopf, dem kurzen Schwanz und den kleinen Ohren, auf die man zeigen sollte. Sie sind im Grunde genommen Vegetarier und fressen die besten Sorten des Gemüses, das Sie so liebevoll gepflegt haben.
- Die Große Wühl- oder Schermaus (*Arvicola terrestris*), die oft mit dem schwarzen Maulwurf verwechselt wird, greift die Wurzeln von unten an, von ihrem ausgedehnten, zusammen mit ihrer großen Familie bewohnten Gangsystem aus. Die deutlich kleinere, aber kaum weniger gefräßige Feldmaus (*Microtus arvalis*) wagt sich häufiger ins Freie, um den Schnecken das süße Fleisch eines Kohlrabi oder den Wurzelhals einer Karotte streitig zu machen. Im Gegensatz zu Waldmäusen und Hausmäusen ist dieses kleine Nagetier nicht besonders sprungfreudig: Wenn Sie es in flagranti erwischen, wird es bäuchlings davonlaufen und in den nächsten Gang verschwinden, der sich vor ihm auftut. Die gute Nachricht ist, dass Wühlmäuse nicht in Häuser kommen, wahrscheinlich weil die dort gelagerten Pflanzen nicht ihren Frischeansprüchen genügen.

VERWECHSLUNGEN VERMEIDEN

WALDMAUS (APODEMUS SYLVATICUS)
GRÖSSE: 8 BIS 15 CM PLUS SCHWANZ VON 8 BIS 9 CM.
GROSSE OHREN.
HELLER BAUCH UND BRAUNROTER RÜCKEN.
LANGE HINTERPFOTEN.
ZWEIFARBIGER SCHWANZ.

HAUSMAUS (MUS DOMESTICUS)
GRÖSSE: 7 BIS 10 CM PLUS SCHWANZ VON 7 BIS 10 CM.
GRAUBRAUNES FELL.
KERBE AN DER RÜCKSEITE DER SCHNEIDEZÄHNE.
NACKTER SCHWANZ MIT DEUTLICHEN SCHUPPENRINGEN.

Also, Hausmaus oder Waldmaus? Mit Geduld und etwas Warmem ist es möglich, von der Kellertreppe aus auf die Mäuse zu lauern und sie zu entlarven. In der dunklen Jahreszeit ist es nur eine Frage der Zeit, bis sie sich bemerkbar machen, zunächst mit leisem Tapsen und dann mit immer lauterem Geknabber, sobald sie sich sicher fühlen. Eine andere Methode ist die Lebendfalle, die weniger drastisch ist als die berühmte Mäuseklatsche. Durch den Köder wird das Tier in einen Käfig gelockt, in dem es leicht zu identifizieren ist. Lassen Sie es aber rasch wieder in ordentlicher Entfernung von zu Hause frei, da es unter Stress sehr schnell sterben kann. Wenn Sie das Tier in ein unbekanntes Gebiet bringen, sind seine Überlebenschancen ebenfalls sehr gering. Eine Hausmaus wird versuchen, so schnell wie möglich in die Nähe von Häusern zu gelangen, was ihr nur gelingt, wenn sie auf dem Weg nicht von einer Katze, einem Bussard oder einem Fuchs erwischt wird.

TIERISCHE DOPPELGÄNGER

VERWECHSLUNGEN VERMEIDEN

RABEN UND KRÄHEN

„Gesucht – tot oder lebendig. Großer schwarzer Vogel, der in Schwärmen umherzieht, sich von Aas ernährt, Kulturen verwüstet und unangenehme heisere Schreie von sich gibt." Wenn auf den Raben ein Kopfgeld ausgesetzt wäre, müssten seine Gegner nicht einmal den Namen nennen oder Plakate aufhängen, damit sich jeder den Täter vorstellen kann.

Der Vogel hat das Privileg, zu den Top Ten der bekannten Arten zu gehören, die selbst die naturfernsten Menschen ohne zu zögern aufzählen könnten. Seine Berühmtheit ist jedoch alles andere als beneidenswert, denn der schwarze Vogel wird mit den Mächten des Bösen in Verbindung gebracht: Auf der Schulter der Hexe sitzend, als Mörder in einem Hitchcock-Film oder an einem Galgen auf dem Land hängend, begleitet er uns seit unserer Kindheit in Szenarien, die uns oftmals das Blut in den Adern gefrieren lassen.

TIERISCHE DOPPELGÄNGER

Aber von welchem Raben spricht man? Aus Bequemlichkeit oder Unwissenheit hat der allgemeine Sprachgebrauch den Raben auf seine einfachsten Merkmale reduziert – tintenschwarzes Gefieder und kehlige Stimme – und mehrere Arten von Vögeln in einen Topf geworfen, obwohl sie sich deutlich voneinander unterscheiden. Allen voran die Rabenkrähe.

Die Rabenkrähe und ihre Begleiter sind am häufigsten in der Nähe von Dörfern anzutreffen, wo sie auf Feldern und Weiden Samen, Regenwürmer und Insekten sammeln. Sie sind auch die frechen Opportunisten, die den Spatzen und Füchsen in den Städten gerne den überfüllten Inhalt der Mülltonnen streitig machen. Es heißt, Rabenkrähen seien so intelligent wie ein Kind im Alter von zwei bis fünf Jahren. Sie bekommen meistens das, was sie wollen, und sind sogar in der Lage, Werkzeuge zu benutzen, um ihre Ziele zu erreichen. Man muss sich nur eine Weile von einer Rabenkrähe beobachten lassen und schon ist man überzeugt, dass sie einen bewertet, durchleuchtet oder von ihrem Hochsitz aus verspottet.

AAS- ODER RABENKRÄHE (CORVUS CORONE)
SCHWARZES GEFIEDER.
SCHWARZER SCHNABEL, BREIT UND
LEICHT GEBOGEN.
NISTET EINZELN IN BÄUMEN.

SAATKRÄHE (CORVUS FRUGILEGUS)
SCHWARZES GEFIEDER.
SCHLANKER, SPITZER SCHNABEL,
AM ANSATZ NACKT UND WEISSLICH.
NISTET IN KOLONIEN AUF BÄUMEN.

Andere Rabenvögel haben sich so sehr an den Menschen gewöhnt, dass sie sich sogar in Städten niedergelassen haben. Anders als die Rabenkrähe nisten sie nicht allein, sondern zahlreich wie in einer Hochhausanlage, wo die Nachbarn lautstark miteinander plaudern und streiten. Ich meine die Saatkrähen und die Dohlen. Erstere bauen ihre Nester aus Ästen in den Wipfeln hoher Bäume und sind an ihrem hellen Schnabel zu erkennen, der an der Basis kahl ist und ihnen ein unschönes Profil verleiht. Die Dohlen leben gerne auf einer Burg, wenn sie in den Mauern geeignete Höhlen finden. Ansonsten suchen sie sich Baumhöhlen, Klippen oder sogar alte Schornsteine. Die Dohle ist nicht nur kleiner als Rabenkrähe und Saatkrähe, sie ist auch nicht ganz schwarz: Ihr Auge ist hell und ihr Kopf ist unter der schwarzen Baskenmütze grau.

Zuletzt genannt, aber nicht weniger wichtig: der Kolkrabe. Es ist unwahrscheinlich, dass Sie ihn in Ihrem Garten sitzen sehen. Er ist ein wilder, scheuer Vogel, der Berge, Meeresklippen oder tiefe Schluchten bevorzugt, die er sich mit dem Adler oder dem Bartgeier teilt oder auch nicht. Der Appetit des Kolkraben ist proportional zu seiner Größe: Er lässt Frischfleisch nicht unbeachtet, ernährt sich aber vor allem von Aas, das ihm die Greifvögel hinterlassen. Das Schauspiel seiner Akrobatik unter freiem Himmel ist wesentlich attraktiver: Im Januar, vor der Paarung, zeigen die Paare Kunstflüge im Kreis, Sturzflüge und sich kreuzende Jagdangriffe von großer Schönheit, die die besten Piloten von Flugshows vor Neid erblassen lassen.

AUF DEN PUNKT GEBRACHT

Die Müllabfuhr auf den Feldern

Rabenvögel, insbesondere Rabenkrähen und Saatkrähen, werden noch immer häufig als Arten, die Schäden verursachen können, betrachtet. Als solche wurden und werden sie in vielen Städten und Regionen Europas verfolgt. Man wirft ihnen in wüstem Durcheinander vor, sie seien diebisch, laut, zu zahlreich, schmutzig und unheimlich. Klar, sie sind opportunistisch, passen sich leicht an die neuen städtischen Ressourcen an und ihre eklektischen Vorlieben führen dazu, dass sie sowohl auf Feldern als auch auf offenen Mülldeponien Nahrung sammeln. Dennoch ist sowohl auf dem Land als auch in den Städten ihre Rolle als Gesundheitsfürsorger von entscheidender Bedeutung.
Als Aasfresser machen sie Kadaver schnell ausfindig und verzehren mit Genuss die Überreste von Hasen, Wühlmäusen, Brutvögeln und anderen Wildtieren, die von Erntemaschinen getötet wurden. So wird verhindert, dass Vieh mit Krankheitserregern verseuchtes Stroh oder Grasschnitt fressen muss. Das ganze Jahr über befreien sie auch die Straßen und ihre Umgebung von Tausenden von Verkehrsopfern. Und auf den Feldern fressen sie nicht nur Samen und Regenwürmer: Sie ernähren sich auch von potenziellen Kulturschädlingen wie Weichtieren, kleinen Nagetieren und wirbellosen Tieren, die ihnen vor den Schnabel kommen. Was die Lärmbelästigung, insbesondere in städtischen Gebieten, angeht, kann man Saatkrähen auch ohne Abschuss loswerden. Viele Stadtverwaltungen wenden verschiedene mehr oder weniger wirksame Methoden der Vergrämung an, beschneiden Bäume, bevor die Kolonien nisten, oder versuchen, die Krähen am Stadtrand unterzubringen, wo ihr Krächzen und ihre lautstarken Auseinandersetzungen kaum jemanden stören.

PFLANZEN-WIRRWARR

VERWECHSLUNGEN VERMEIDEN

GERANIEN UND PELARGONIEN

Egal, ob gartenbegeistert oder nicht, jeder kennt die Geranie. Man liebt oder hasst sie. Man liebt sie, weil sie einfach zu kultivieren ist, unaufhörlich von Frühling bis Spätsommer blüht und Fröhlichkeit auf die Balkone kleiner Ortschaften bringt. Man hasst sie, weil man sich an ihr sattgesehen hat, weil Oma sich damit abmühte, sie zum Überwintern ins Haus zu schaffen, oder weil sie in Sachen Artenvielfalt nicht gerade ein Wundermittel ist.

Ob man will oder nicht, diese ursprünglich in Südafrika heimischen Pflanzen, gehören seit Jahrhunderten zu unserer Gartenkultur. In der Schweiz wurden sie während der Zwischenkriegsjahre sogar zu einem nationalen Sinnbild, so wie Käsefondue und Schokolade. Weniger bekannt ist jedoch, dass die Geranie ein Usurpator ist: Sie heißt nämlich in Wirklichkeit Pelargonie (*Pelargonium*), das gilt für die Trivialnamen wie für den lateinischen Namen. Man gesteht ihr aber mildernde Umstände zu. Sehen Sie selbst.

PFLANZEN-WIRRWARR

Es wird erzählt, dass die Pflanze im Jahr 1692 in den Bergen des südlichen Kaps von Paul Hermann entdeckt wurde, einem niederländischen Botaniker und Arzt, der deutsche Wurzeln hatte. Er packte sie in sein Gepäck und die Pflanze ging nach einigen Monaten der Reise im Bauch eines niederländischen Schiffs zusammen mit einigen ihrer Verwandten in Europa von Bord. Wie zu jener Zeit üblich standen die botanischen Gärten in häufigem Austausch miteinander und so gingen einige Arten von *Geranium africanum*, die sich schon in niederländischen Gewächshäusern akklimatisiert hatten, auf die Reise nach England. Dort zögerte man nicht, sie in den Gärten zu kultivieren. Während des 18. Jahrhunderts eroberte sich die Pflanze peu à peu einen Platz in der gehobenen Gesellschaft und auf den Balkonen bürgerlicher Wohnhäuser.

VERWECHSLUNGEN VERMEIDEN

PELARGONIUM ODER „FLORISTEN-GERANIE"
(PELARGONIUM x DOMESTICUM)
URSPRUNG: SÜDAFRIKA.
FAMILIE: GERANIACEAE.
ZÜCHTUNG IN SORTEN.
UNATTRAKTIV FÜR KLEINLEBEWESEN.
GROSSE ASYMMETRISCHE BLÜTEN.
DICKE UND OFT FALTIGE, GELAPPTE BLÄTTER.
ÜBERWINTERT DRINNEN.

Als Carl von Linné im Jahr 1735 die botanische Forschung seiner Zeit edierte, legitimierter er den Namen „*Geranium*", obwohl der eigentlich schon den europäischen *Geranium*-Arten zugewiesen worden war, da sie ein Hauptmerkmal mit den afrikanischen Arten teilen – die Frucht in Form eines länglichen Schnabels. Am Vorabend der Französischen Revolution schlug der Pariser Botaniker Charles l'Héritier vor, die Linnéschen *Geranium* in drei Gattungen aufzutrennen. Die beiden ersten, *Pelargonium* und *Erodium*, bezeichnen Pflanzen mit asymmetrischer Blütenkrone und die dritte, *Geranium*, versammelt die Arten mit regelmäßiger Blüte. Es dauerte aber fast ein weiteres Jahrhundert, bis diese neue Nomenklatur endgültig akzeptiert wurde. Zwischenzeitlich hatte sich der Name „Geranie" (für die Pelargonie) in den Köpfen und in den Gärten festgesetzt, denn die in Mode gekommene Pflanze existierte nun in zahlreichen Hybriden und Sorten, die durch Züchter verbreitet wurden.

PFLANZEN-WIRRWARR

BLUTROTER STORCHSCHNABEL
(GERANIUM SANGUINEUM)
URSPRUNG: EUROPA.
FAMILIE: GERANIACEAE.
BLÜTE: PURPURVIOLETT MIT
5 BLÜTENBLÄTTERN.
GETEILTES, GELAPPTES BLATT.

Was ist mit dem echten *Geranium*? Zu dieser Gattung gehören zahlreiche Arten und Sie haben garantiert welche in Ihrem Garten! Beginnen wir mit dem Ruprechtskraut (Stink-Storchschnabel, *Geranium robertianum*), eine hübsche ein- oder zweijährige Pflanze, die gerne alle freien Stellen in Ihren Beeten schließt.

Als wilde oder gezüchtete Staude kennen Sie sicher auch den Blutroten Storchschnabel (*Geranium sanguineum*), der die Naturgärten bevölkert und dort dicke Büschel bildet, lange blüht und eine schöne Herbstfärbung zeigt. Weitere Vorteile: Anders als die Perlagonien sind unsere heimischen Storchschnäbel attraktiv für Bestäuber und sie können draußen überwintern.

VERWECHSLUNGEN VERMEIDEN

ARONSTAB UND AMPFER

Wenn der Garten sich nach den langen Wintermonaten wieder in zartes Grün hüllt und die Vögel die ersten Noten zwitschern, dann überkommt uns die Lust, die frischen Pflanzen anzufassen, zu verkosten und zu knabbern. Das ist der beste Zeitpunkt, um sich für essbare Wildpflanzen zu interessieren.

Knoblauchsrauke, Löwenzahn, Bärlauch, Giersch, Brennnessel oder Veilchen wachsen auf der Wiese, unter der Hecke oder den Bäumen, in den Wäldchen der Nachbarschaft und bieten eine hübsche Palette an Düften und Farben, während wir auf die ersten Gartengemüse warten.

Mit etwas Routine kann man sie leicht erkennen, sei es durch Anfassen (Beinwell), am Geruch (Knoblauch, Schnittlauch), am Geschmack (Kresse) oder allgemein an ihrem Aussehen. Als Anfänger sollte man sich an einen Kenner wenden oder einen guten Wildpflanzenführer zur Identifikation der Ernte befragen. Denn auch im Garten lauern Pflanzen, die man besser nicht verspeist.

PFLANZEN-WIRRWARR

Der Gefleckte Aronstab (*Arum maculatum*) ist ein gutes Beispiel. Die ganz jungen Blätter dieser giftigen Frühjahrspflanze lassen sich leicht mit den Blättern des Sauerampfers (*Rumex acetosa*) oder mit dem Guten Heinrich (*Chenopodium bonus-henricus*) verwechseln, mit dem sie das langstielige, pfeilspitzenförmige Blatt teilen. Der Glanz sollte Ihnen aber zu denken geben. Er verleiht der Pflanze einen tropischen Look und hat optisch nichts mit dem matten Grün des Ampfers zu tun. Wenn die Pflanze wächst, bleibt kein Zweifel. Die Blüte hat die Form eines Kolbens, der in eine große grüne Tüte eingerollt ist (Spatha), während die sehr dekorativen Früchte in Form kleiner leuchtend orangeroter Beeren an einer Achse kleben. Ein weiteres Unterscheidungsmerkmal ist, dass Aronstab im schattigen Wald gedeiht, Ampfer und Guter Heinrich (wilder Spinat) dagegen bevorzugen die Sonne. Das bedeutet, dass die drei Arten an halbschattigen, humusreichen Standorten durchaus aufeinander treffen können.

VERWECHSLUNGEN VERMEIDEN

GEFLECKTER ARONSTAB (ARUM MACULATUM)
10 BIS 20 CM LANGE BLÄTTER, GLÄNZEND, MANCHMAL BRAUN GESPRENKELT.
MÄNNLICHE BLÜTEN (OBEN) UND WEIBLICHE (UNTEN) RINGFÖRMIG UM DIE ACHSE DER SPATHA.
LEBENSRAUM: UNTERHOLZ, OBSTGÄRTEN, HECKEN.

SAUERAMPFER (RUMEX ACETOSA)
BASALBLÄTTER 2- BIS 5-MAL SO LANG WIE BREIT, PFEILSPITZENFÖRMIG.
LEBENSRAUM: NÄHRSTOFFREICHE WIESEN.

GUTER HEINRICH
(CHENOPODIUM BONUS-HENRICUS)
DREIECKIGE BLÄTTER, IM AUSSEHEN MATT UND LEICHT MEHLIG.
LEBENSRAUM: ALMEN, WEIDEN.

NADELKISSEN

Wenn sich aus Versehen ein paar Blätter des Aronstabs in Ihren Frühlingssalat verlaufen sollten, dann schmecken Sie das sofort. Sie sind voller Kalzium-Oxalatkristalle, was zu dem unangenehmen Gefühl eines Nadelkissens im Mund führt! Diese Plättchen erleichtern den Eintritt der toxischen Stoffe in die Schleimhäute. Der gute Reflex führt zum unmittelbaren Ausspucken, um eine Entzündung oder Verbrennung der Zunge und Lippen zu vermeiden oder schlimmer noch, Verdauungsprobleme nach dem Verschlucken. Machen wir das dem Aronstab aber mal nicht zum Vorwurf. Er schützt sich auf diese Weise vor Pflanzenfressern und etwas zu unternehmungslustigen Vegetariern.

PFLANZEN-WIRRWARR

BÄRLAUCH UND MAI- GLÖCKCHEN

In der Reihe der Pflanzen, die man kennen sollte, um sich nicht zu vergiften, zählen Bärlauch und Maiglöckchen zu den Klassikern. Sie beide besitzen elliptische Basalblätter und wachsen im Frühling im Unterholz oder schattigen Gärten – mit klitzekleinen Unterschieden.

Bärlauch bevorzugt feuchte Wälder, riecht deutlich nach Knoblauch, wenn man seine Blätter zwischen den Fingern reibt oder durch die dichten Teppiche an Bachläufen hindurchgeht. Das Maiglöckchen riecht nach nichts, solange es noch keine Blüten hat. Sobald sich die Blüten im Mai öffnen, verströmt es einen feinen Duft, um den es der Bärlauch sicher beneidet. Trotz dieser offensichtlichen, geruchlichen Indizien, werden jedes Jahr von den Giftnotrufzentralen Vergiftungen durch den Genuss von Maiglöckchenblättern gemeldet. Das gilt besonders für die Regionen, wo die Bärlauch-Ernte zur Tradition gehört. Grund dafür mag sein, dass sich im Unterholz auch Maiglöckchen unter die Ernte von Bärlauch mischen und unerkannt in den Kochtopf wandern, weil das Knoblaucharoma sich über das ganze Pflückgut legt.

VERWECHSLUNGEN VERMEIDEN

Das muss Sie aber nicht davon abhalten, auf die Suche nach Bärlauch für Pesto, Salat, Omelette oder Gemüsesuppe zu gehen. Es gibt keine bösen Überraschungen, sofern Sie mit gebotener Sorgfalt auf die Textur und die Position der Blätter achten. Das Maiglöckchen besitzt zwei oder drei kräftige, aufrechte Laubblätter in einem Scheinstängel, der Bärlauch dagegen hat zwei weiche Blätter, die an der Basis der Pflanze aus zwei separaten Stängeln wachsen. Und wenn Sie auf Blätter in Form von Pfeilspitzen treffen, lassen Sie diese stehen. Mit ziemlicher Sicherheit handelt es sich dabei um den Gefleckten Aronstab, eine andere frühe Pflanze mit einem sehr unangenehmen Geschmackserlebnis (siehe Seite 126).

HERBST-ZEITLOSE, NICHT NUR IN DEN WIESEN

Die hübschen roséfarbenen Blüten der Zeitlosen, die sich im Herbst auf Wiesen und Weiden öffnen, sind zweifelsfrei genauso bekannt wie Löwenzahn oder Margeriten. Allerdings sind die Büschel ihrer lanzettlichen Blätter, die im folgenden Frühling an gleicher Stelle aufwachsen, eher unbekannt. Diese Blätter beinhalten, ebenso wie die Blüten, Knollen und Samen, Colchicin, ein stark toxisches Alkaloid, das auch tödlich sein kann. Da die Pflanze manchmal auch an Waldrändern gedeiht, ist eine Verwechslung mit dem Bärlauch möglich, wenn man nicht achtgibt. Das beste Unterscheidungsmerkmal ist der Geruch von Bärlauch, aber Sie sollten zudem noch wissen, dass die Blätter der Zeitlosen steifer sind als die des Bärlauchs und keinen Stiel haben.

PFLANZEN-WIRRWARR

BÄRLAUCH (ALLIUM URSINUM)
MARKANTES KNOBLAUCHAROMA.
GRÜNE, EHER WEICHE BLÄTTER AN
EINEM LANGEN STIEL.
ZWEI BLÄTTER PRO PFLANZE,
EINZELN GETRENNT.
WEISSE, STERNFÖRMIGE BLÜTEN.
FEUCHTE WÄLDER.

MAIGLÖCKCHEN (CONVALLARIA MAJALIS)
STARRE, 10 BIS 15 CM LANGE BLÄTTER,
AN DER BASIS ZU JE 2 VERBUNDEN.
WEISSE, GLOCKENFÖRMIGE BLÜTEN.
WÄLDER, GÄRTEN UND IN JUWELENFORM.

VERWECHSLUNGEN VERMEIDEN

DISTELN UND KARDEN

Das Mindeste, was man über die Disteln sagen kann, ist, dass sie durchweg schlechte Presse genießen, egal von welcher Art wir sprechen. Zum Beweis führe ich die besorgten Minen meiner Gäste an, wenn sie in meinem Garten vor einer riesigen Gewöhnlichen Eselsdistel (*Onopordum acanthium*) oder einer Mariendistel (*Silybum marianum*) mit wunderbarem panaschiertem Laub stehenbleiben.

„Haben Sie keine Angst, dass sie im Garten überhandnehmen?" Diese Frage kommt sofort auf. Jenseits der landwirtschaftlichen Welt nähren Zeitschriften und kommunale Verordnungen, die bei Grundbesitzern das Ausreißen von Disteln auf ihren Flächen unkritisch anmahnen, seit etlichen Dekaden eine gewisse Aggression gegen alles, was sticht, zäh ist und obenauf rosa, purpurfarbene oder violette Kronen trägt. Die gesetzlich verdammten Arten gehören in Wirklichkeit zu den Kratzdisteln, Gattung *Cirsium*: Acker-Kratzdistel (*Cirsium arvense*) und Gewöhnliche Kratzdistel (*Cirsium vulgare*) – Pionierpflanzen, die sich nach den Kulturen breit machen und üppig gedeihen, wenn man ihnen das Feld überlässt. Sie lieben Brachland und unbestellte Böden, gerne stickstoffreich, wo sie sich fröhlich zum Leidwesen der Landwirte ausbreiten. In Gärten tauchen sie eventuell mal im Hühnerlauf auf, sind dort aber leicht zu kontrollieren.

PFLANZEN-WIRRWARR

KRATZDISTEL
(CIRSIUM VULGARE)
HÖHE: 50 BIS 150 CM
VASENFÖRMIGER BLÜTENKORB MIT VIOLETTEN BLÜTCHEN.
STARK STECHENDES LAUB, DAS VOR ALLEM AM STÄNGELANSATZ SITZT.

Die meisten anderen Distelarten (*Carduus*) und Kratzdisteln sind im Garten willkommen. Das gilt auch für die Wilde Karde (*Dipsacus fullonum*), eine hoch aufragende Pflanze, die auf städtischen und ländlichen Brachen gedeiht und für Schmetterlinge im Sommer ebenso wie für die Distelfinken im Herbst ein Schlaraffenland ist. Man nennt die Pflanze daher auch „Vogelbüffet", denn zum reichlichen Futterangebot von Hunderten nahrhafter Samen bietet die Pflanze in den Blattachseln auch versteckte Tränken. Als Dekoration kann man nichts Hübscheres nehmen! Karden bringen den vertikalen Aspekt in die Beete und sorgen im Winter für einen zauberhaften Anblick, wenn Raureif und Schnee auf den Stacheln hängen.

Zurück zu den Disteln. Ich halte sie für einen außergewöhnlichen Beitrag zur Artenvielfalt. Man kann sich leicht davon überzeugen, wenn man die Blütenbesucher beobachtet. Schwebfliegen, Wild- und Honigbienen, Käfer und Schmetterlinge laben sich am Nektar, sobald die ersten Sonnenstrahlen aufgegangen sind. Für den Distelfalter (*Vanessa cardui*), ein hübscher schwarz-orange gefärbter Edelfalter, ist die Verbindung zur Pflanze noch inniger. Er legt seine Eier auf die stacheligen Blattunterseiten, damit sich die kleinen Raupen dort bis zu ihrer Metamorphose sicher verkriechen können. Das schöne Insekt, das auch die Brennnessel in gleicher Weise nutzt, hat wohl verstanden, dass Stacheln und Nesselhaare das Beste für seine Nachkommen sind.

VERWECHSLUNGEN VERMEIDEN

WILDE KARDE (DIPSACUS FULLONUM)
HÖHE: BIS 2 M.
STÄNGEL MIT STARKEN STACHELN.
KORBBLÜTE OVAL BIS ZYLINDRISCH, 3 BIS 8 CM LANG.
VIOLETTE BLÜTEN ALS UMLAUFENDES BAND
BLÄTTER GEGENSTÄNDIG ZU 2 x 2 RUND UM DEN STÄNGEL
ANGEORDNET, WODURCH SICH EIN NAPF BILDET.

DIE KARDY, EINE ARTISCHOCKE, DIE MAN SICH VERDIENEN MUSS

Kennen Sie die Kardy? Sie ist der Liebling der Genfer Gemüsegärtner, sofern sie Dornen hat und zur Sorte 'Argenté de Plainpalais' gehört, die nach einem Stadtteil von Genf benannt ist. Die aus Südeuropa stammende, sehr schmackhafte Gemüsepflanze wird auch in der Provence, in Savoyen, in der Dauphiné und in der Region um Lyon vielfach angebaut. Wie ihre Verwandte, die Artischocke, ähnelt sie einer riesigen Distel, aber es sind nicht die Blütenköpfe, die gegessen werden: Es sind die Rippen oder, anders gesagt, der mittlere Stiel der stacheligen Blätter. Drei Wochen vor der Ernte, die traditionell vor dem Winter stattfindet, empfiehlt es sich, die Rippen zu bleichen, damit sie zart und weniger bitter werden. Dazu wickelt man die Blätter der Pflanze, die noch im Gemüsegarten verwurzelt ist oder die man vor dem ersten Frost mit dem Wurzelballen im Keller gelagert hat, in Pappe oder Stroh ein. Nach dem Auspacken kommt der schwierigste Teil: Das stachelige Laub und die beiden Reihen scharfer Spitzen zu beiden Seiten des begehrten Stängels müssen abgeschnitten werden. Mit anderen Worten: Ein Kardygratin muss man sich verdienen!

PFLANZEN-WIRRWARR

BRENNNESSEL UND TAUBNESSEL

„Brennnesseln, die Blüten haben, stechen nicht!" Diese kategorische Behauptung, die oft von Kindern bei Spaziergängen in der Natur aufgestellt wird, deutet auf eine Verwechslung hin, die sich hartnäckig hält: die Verwechslung von Taubnessel und Brennnessel. Und das ist auch verständlich, denn sie wurde und wird weitgehend von der Umgangssprache übernommen. In manchen Botanikbüchern wird die Taubnessel immer noch als gelbe, weiße oder rote Brennnessel bezeichnet, je nach Art und Farbe der Blüten.

Zugegeben, auf den ersten Blick und vor allem im Frühling sehen sich die Pflanzen ziemlich ähnlich, mit ihren gegenständigen Blättern an den viereckigen Stängeln. Und zu allem Überfluss teilen sie sich auch noch die gleichen Waldränder. Bei Berührung ist die Sache schnell geklärt: Die Brennnessel sticht, die Taubnessel sticht nie. Keine Zweifel gibt es, wenn die Blüten auftauchen: Die Taubnessel trägt große, farbige Lippenblüten, die in kleinen Büscheln auf mehreren Etagen des Stängels hängen, während die Brennnessel als Blüten kleine grüne Sternchen an Rispen trägt. Da die Pflanze zweihäusig ist, erscheinen sie an unterschiedlichen Individuen, je nachdem, ob es sich um männliche oder weibliche Blüten handelt.

VERWECHSLUNGEN VERMEIDEN

BRENNNESSEL (URTICA DIOICA)
GRÜNLICHE BLÜTEN IN KUGELIGER FORM, MÄNNLICHE UND WEIBLICHE AUF GETRENNTEN INDIVIDUEN.
LANGE NESSELHAARE.

WEISSE TAUBNESSEL (LAMIUM ALBUM)
GROSSE WEISSE BLÜTEN MIT ZWEI LIPPEN, WIRTELIG IN DER BLATTACHSEL UM DEN STÄNGEL ANGEORDNET.
NEKTAR BEI HUMMELN BEGEHRT.
KEINE NESSELHAARE.

Brennnesseln und Taubnesseln gehören jedoch keineswegs zur selben botanischen Familie: Erstere gehören zu den Urticaceae, einer Familie, die in den Tropen gut vertreten ist, deren Gattung *Urtica* in Europa jedoch kaum mehr als fünf Arten umfasst. Die zweite Gruppe sind die Lamiaceae, eine Familie, die eine Vielzahl von aromatischen Gartenpflanzen wie Lavendel, Salbei, Thymian, Rosmarin, Bohnenkraut, Nepeta, Minze und viele andere umfasst. Die Gattung *Lamium*, die Gegenstand dieser Verwechslung ist, umfasst mehr als 20 Arten und Unterarten.

PFLANZEN-WIRRWARR

AUF DEN PUNKT GEBRACHT

Wer die Nesseln berührt, spürt nicht unbedingt Stiche!

• Es gibt einen Trick, um eine Brennnessel zu packen, ohne Stiche zu spüren: Man greift sie von unten und streicht sie in Richtung der Haare. Die Pflanze hat nämlich lange, hohle, durchsichtige Nesselhaare, die an der Basis mit einer Flüssigkeit gefüllt sind, die unter Druck steht. Bei der geringsten Berührung bohren sich diese kleinen Spritzen in die Haut und injizieren ihren Inhalt: einen beißenden Cocktail aus giftigen Substanzen. Darunter ist auch Histamin, das für die Rötung und den Juckreiz verantwortlich ist. Sie können dem entgehen, indem Sie den Stängel und die Blätter zwischen den Fingern in Richtung der Haare reiben, wodurch der Inhalt der schmerzhaften Spritzen zerbricht und sich entleert.

• Die Brennnessel ist zwar gut bewaffnet, aber ihre Nesselhaare reichen nicht aus, um den Appetit der Insekten zu zügeln. Mehr als ein Dutzend Schmetterlingsarten vertrauen ihre Nachkommenschaft sogar ausschließlich ihr an: Zwischen den Stacheln auf der Blattunterseite sind die Eier völlig sicher. Sobald die Raupen aus den Eiern schlüpfen, fressen sie die jungen Blätter, spucken die Haare aus und wachsen zusehends. Nach einigen Wochen Wachstum und dem obligatorischen Verpuppen verwandeln sie sich in Admiral, Tagpfauenaugen oder Kleinen Fuchs – allesamt wunderschöne Schmetterlinge, die Ihren Garten verzaubern werden.

• Die Brennnessel sollte in Ihrem Garten einen Platz finden, nicht nur wegen der Schmetterlinge, sondern auch wegen ihres Nährstoffreichtums. In ihrem Gewebe konzentriert sie Stickstoff, Eisen und Kalium, was sie zu einem hervorragenden natürlichen Dünger in Form von Mulch oder Jauche macht. Ihre jungen Blätter sind auch in Suppen köstlich.

VERWECHSLUNGEN VERMEIDEN

SCHILF UND ROHRKOLBEN

Das Schilfrohr biegt sich, aber es bricht nicht. Dank Jean de la Fontaine ist die Biegsamkeit dieser hübschen Uferpflanze allgemein bekannt. Ganz Poet, hat der Erzähler aber vergessen, das Porträt des Schilfs zu hinterlassen. So zeichnete Jean-Jacques Granville bei der Illustration von Fontaines Fabeln im 19. Jahrhundert den falschen Helden, indem er den Rohrkolben anstelle dessen darstellte, was die Botaniker heute als Schilf bezeichnen. Ist dies der Ursprung unseres Missverständnisses? Wir werden es wohl nie erfahren, aber es ist noch nicht zu spät, dem Schilf zurückzugeben, was ihm gebührt ...

Schilf ist ein Gras. Mit anderen Worten: Es gehört zur Familie der Gräser, wie die, aus denen Ihr Rasen besteht oder die sich in einem Getreidefeld in Weizen verwandeln. Im Frühjahr wächst es rasant: Durch reichlich Wasser, worin das Schilf seine Wurzeln eintaucht, kann die Pflanze bis zu 4 m hoch werden.

PFLANZEN-WIRRWARR

SCHILFROHR (PHRAGMITES AUSTRALIS)
BIEGSAMER STÄNGEL VON 2 BIS 4 M HÖHE.
BLÄULICHE BLÄTTER MIT EINER BREITE VON 1 BIS 3 CM.
BLÜTE IN RISPENFORM, (WEDEL) 20 BIS 50 CM LANG.

Da ein Schilf nie einzeln wächst, bildet es mit seinen Gefährten breite Vorhänge, in denen sich Rohrdommeln, Blesshühner, Schilfrohrsänger und andere Wasservögel gerne verstecken. Die Pflanze hat sogar ihren lateinischen Namen, *Phragmites australis,* an einen kleinen Vogel vergeben, den Schilfrohrsänger, der in ihrem Schatten lebt. Ganz oben auf seinem Stängel: ein prächtiger Wedel, der in alle vier Winde Frühlingspollen und Zukunftssamen sät. Das Schilfrohr bleibt seiner Legende treu und ist so geschmeidig, dass ich es insgeheim beneide. Es versteckt sich aber nicht und setzt sich gerne in Szene, sobald die Herbstlüfte seine goldenen Stängel zum Tanzen bringen.

Der Rohrkolben hat die Statur von Schilf, aber nicht dessen Leichtigkeit. Er ist massiv, ein kräftiger Kerl im Pflanzenreich. Seine Blüten bilden Ähren, die nichts mit Weizen zu tun haben: Die weiblichen Blüten stehen dicht beieinander und sehen aus wie eine lange braune Wurst, die wiederum von einer kürzeren und schmaleren männlichen Ähre bekrönt wird. Diese ist mit Haaren und Staubgefäßen besetzt. Wenn die wurstähnliche Ähre reif ist, wird sie zu einer beliebten Waffe für Kinder, da sie sich in flaumige Samenbüschel auflöst, die sich leicht auf Kleidung und Haaren verteilen lassen. Der Rohrkolben ist zwar nicht ganz so biegsam, aber seine kräftigen Rhizome sorgen dafür, dass er robust stehenbleibt, wenn:

„[...] da sieh am Horizont in schwarzer Wolke zeigt sich

und rast heran ein Sturmessausen:

des Nordens schlimmsten Wind hört man da brausen. [...]"[2]

UND WAS IST MIT DER BINSE IN ALL DEM?

Man sollte eher sagen „die Binsen", denn es gibt unzählige Arten von Binsen (*Juncus* sp.). Sie sind kleiner, gedrungener und gehören zu einer langen Liste aquaphiler Pflanzen, die keine hübschen, bunten Blüten haben, um sie leichter unterscheiden zu können. Ihre Blüten haben Tepalen, bilden Glomeruli oder verteilen sich lose entlang des Stängels. Ihre Früchte sind Kapseln, die man unter der Lupe zerlegen muss, um die Art zu bestimmen.

Gibt es vielleicht ein einfacheres Merkmal? Die Stängel der Binsen sind lang, dünn und mehr oder weniger zylindrisch, was sie zu einem idealen Material für feine Korbflechtarbeiten macht. Um die Verwirrung nicht zu vergrößern, verzichte ich diesmal auf Seggen (*Carex* sp.), Simsen (*Scirpus* sp.) und andere Sumpfpflanzen, ermuntere Sie aber, sie bei Ihren nächsten Spaziergängen am Wasser genauer zu betrachten.

---

[2] Jean de la Fontaine, Die Fabeln von LaFontaine, 1. Buch, Fabel 22:
„Die Eiche und das Schilfrohr" (in der Übersetzung von Ernst Dohm)

PFLANZEN-WIRRWARR

BREITBLÄTTRIGER ROHRKOLBEN
(TYPHA LATIFOLIA)
FESTER STÄNGEL VON 1 BIS 2,5 M HÖHE.
BLÜTEN IN FORM VON ZWEI ÜBEREINANDER ANGEORDNETEN ÄHREN:
WEIBLICHE BLÜTEN UNTEN (BRAUNE WURST VON ETWA
20 CM LÄNGE UND 2 BIS 3 CM STÄRKE),
MÄNNLICHE BLÜTEN OBEN (FLAUMIGE KERZE).
GRÜNE, FESTE BLÄTTER.

HÜTEN SIE SICH VOR PFLANZEN MIT RHIZOMEN

Rohrkolben oder Schilf sollten besser nicht im oder am Ufer eines Gartenteichs gepflanzt werden. Ihre kräftigen Rhizome besiedeln rasch den Boden des Teiches und tragen zur Austrocknung des Gewässers bei. Auch Schachtelhalme sind tabu, es sei denn, Sie wollen sie als unerschöpfliche Quelle für Auszüge und Abkochungen im Gemüsegarten nutzen. Weniger eroberungsfreudige Pflanzen wie Binsen und Seggen sind die bessere Wahl.

ZUM WEITERLESEN

Natalie Faßmann: **Naturgarten – einfach machen!** Vielfältige Lebensräume für Igel, Wildbiene & Co. gestalten.um Weiterlesen. Verlag Eugen Ulmer 2023.

Markus Gastl: **Permakultur und Naturgarten.** Nachhaltig gärtnern mit dem Drei-Zonen-Modell. Markus Gastl. Verlag Eugen Ulmer 2021.

Markus Gastl, Melanie Schoppe: **Boden & Pflanzen natürlich stärken.** Bio-Dünger und Pflanzenschutz selbst gemacht. Verlag Eugen Ulmer 2022.

Wolfgang Heidenreich, Antje Krause: **Begrünen was geht.** Kleine und große Pflanzideen für Wände, Zäune, Dächer und graue Ecken. Verlag Eugen Ulmer 2022.

Renate Hudak, Harald Harazim: **Gartenabfall gibt's nicht.** Grünschnitt, Laub & Unkraut kreativ nutzen statt entsorgen. Verlag Eugen Ulmer 2022.

Antje Krause: **1 x hacken spart 2 x gießen.** Mit klugen Ideen Wasser, Strom & Co. im Garten bewusster nutzen. Verlag Eugen Ulmer 2021.

Elke Schwarzer: **Heimische Pflanzen für den Garten.** 100 Blumen, Sträucher und Bäume für Biene & Co. Verlag Eugen Ulmer 2022.

Elke Schwarzer: **Mein Schmetterlingsgarten.** Schöne Pflanzen für Falter und Raupe. Verlag Eugen Ulmer 2022.

Elke Schwarzer: **Mein Bienengarten.** Bunte Bienenweiden für Hummeln, Honig- und Wildbienen. Verlag Eugen Ulmer 2020.

Valéry Tsimba: **Mein Permakultur-Balkon.** Obst und Gemüse ernten auf 4 m^2. Valéry Tsimba. Verlag Eugen Ulmer 2022.

IMPRESSUM

Die in diesem Buch enthaltenen Empfehlungen und Angaben sind von der Autorin mit größter Sorgfalt zusammengestellt und geprüft worden. Eine Garantie für die Richtigkeit der Angaben kann aber nicht gegeben werden. Autorin und Verlag übernehmen keine Haftung für Schäden und Unfälle. Bitte setzen Sie bei der Anwendung der in diesem Buch enthaltenen Empfehlungen Ihr persönliches Urteilsvermögen ein.
Der Verlag Eugen Ulmer ist nicht verantwortlich für die Inhalte der im Buch genannten Websites.

Anmerkung zur Schreibweise (Gendering): Gendergerechtigkeit und Inklusion sind bei uns gelebte Praxis – bei der Auswahl unserer Themen, bei der Recherchearbeit, in der Gestaltung. Unsere Texte meinen alle. Damit unsere Inhalte jedoch gut lesbar bleiben, verzichten wir in diesem Werk auf die jeweilige Mehrfachnennung oder Anpassung der Schreibweise bestimmter Bezeichnungen an die weibliche, männliche oder diverse Form.

Bibliografische Information der Deutschen Nationalbibliothek
Die Deutsche Nationalbibliothek verzeichnet diese Publikation in der Deutschen Nationalbibliografie; detaillierte bibliografische Daten sind im Internet über http://dnb.d-nb.de abrufbar.

Das Werk einschließlich aller seiner Teile ist urheberrechtlich geschützt. Jede Verwertung außerhalb der engen Grenzen des Urheberrechtsgesetzes ist ohne Zustimmung des Verlages unzulässig und strafbar. Das gilt insbesondere für Vervielfältigungen, Übersetzungen, Mikroverfilmungen und die Einspeicherung und Verarbeitung in elektronischen Systemen.

Die französische Originalausgabe erschien unter dem Titel Aino Adriaens, Fake News au Jardin
© 2021 Terre Vivante, Mens, France.
Konzeption und grafische Gestaltung: David Cosson (dazibaocom.com)
Illustrationen: Ambroise Héritier
Titelbild: anitapol/Shutterstock.com

© 2023 Eugen Ulmer KG
Wollgrasweg 41, 70599 Stuttgart (Hohenheim)
E-Mail: info@ulmer.de
Internet: www.ulmer.de
Übersetzung: Sabine Hesemann
Lektorat: Alessandra Kreibaum
Herstellung: Stephanie Haun
Umschlaggestaltung: siegel konzeption | gestaltung, Stuttgart
Satz: r&p digitale medien, Echterdingen
Druck und Bindung: Printer Trento S.r.L., Trento-Gardolo
Printed in Italy

ISBN 978-3-8186-1937-4